Christophe de Cène

Finis Gloriae Mundi de Fulcanelli

La révélation

Les faits : *en 1926 paraît chez un éditeur parisien, Jean Schemit, un livre d'alchimie devenu célèbre,* Le Mystère des Cathédrales, *suivi en 1930 par* Les Demeures Philosophales. *Eugène Canseliet signe la préface ; Julien Champagne réalise les illustrations des deux livres (36 et 40 planches d'une grande qualité). L'ensemble est signé Fulcanelli. Un troisième livre,* Finis Gloriae Mundi, *était prévu, qui eût achevé une trilogie classique en alchimie. Mais en 1929, son auteur décide de retirer le manuscrit confié quelques années auparavant à Eugène Canseliet : le livre* La Fin de la Gloire du Monde *ne devait pas voir le jour.*

En couverture : dans la *cathédrale de Dol-de-Bretagne*, le Dragon Vert de la Grande Verrière du XIIIe siècle.

Ci-contre : le tableau intitulé *Finis Gloriae Mundi* de Juan de Valdés Leal, *hôpital de la Caridad*, Séville. Il devait être le frontispice du livre de Fulcanelli. Une crypte, un évêque, un chevalier, à l'heure du jugement des âmes.

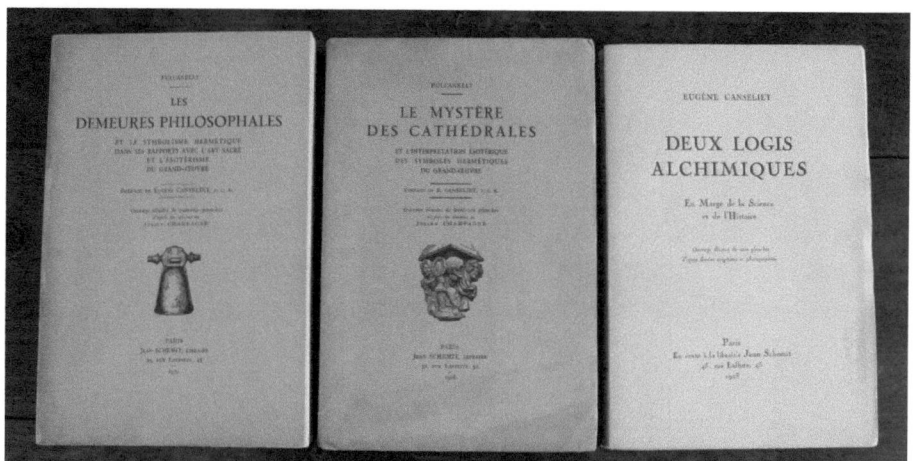

Éditions originales des Fulcanelli et du premier livre d'Eugène Canseliet.

Lexique à l'usage des débutants

L'**hermétisme** (de *Hermès*) est la doctrine qui sous-tend l'alchimie.
Un **amoureux de science** s'intéresse à l'alchimie et étudie les traités.
Quand il pratique en laboratoire, l'amoureux de science devient **alchimiste**.
Enfin, quand il obtient la **pierre philosophale**, l'alchimiste devient **adepte**.
La pierre est une **médecine universelle** qui prolonge la vie, illumine l'esprit et, après un traitement spécifique, a le pouvoir de transmuter le plomb ou le mercure en or.

Première partie : l'identité de Fulcanelli, pour comprendre l'œuvre

Chapitre 1

L'identité de Fulcanelli : l'enquête

Eugène Canseliet durant la première guerre mondiale

Préfacier des œuvres de Fulcanelli et unique disciple de l'adepte, Eugène Canseliet (1899-1982) écrit : « *Les Demeures Philosophales parurent au mois d'octobre 1930 : j'étais moi-même auprès du maître depuis 1915* »[1].

Le *maître de Savignies* (Eugène Canseliet résidait à Savignies, dans l'Oise, durant la seconde partie de son existence) confirmera à plusieurs reprises avoir fait la connaissance de Fulcanelli à Marseille, en 1915.

Les parents d'Eugène inscrivirent leur fils au cours de dessin sis 43 rue de l'échiquier, à Paris[2]. L'élève se montre doué. Ainsi, en 1915, Canseliet effectue un voyage à Marseille, et prend pension chez une cousine. Il a alors quinze ans. Tout en étant scolarisé au lycée Thiers, il perfectionne son dessin à l'école des Beaux-arts, voisine. C'est là, à Marseille en 1915, qu'une entrevue va changer le cours de son existence : le destin du jeune Canseliet croise celui de Fulcanelli. Suivra la rencontre avec Julien Champagne, l'illustrateur au service de l'adepte depuis 1910. Eugène Canseliet nous révèle, dans la Tourbe des Philosophes n° 11, que Fulcanelli lui prodigua ce conseil : *«Rédigez de même que vous dessinez», conseil reçu du Maître, rue Dieudé, à Marseille, 1916* (Alchimiques

Mémoires). On relève ici la proximité de l'école des Beaux-arts, de la rue Dieudé et du quartier de la préfecture.

Le séjour à Marseille prendra fin avant l'été 1916 : on sait en effet que Champagne est alors domicilié à Paris, rue Vernier où, nous dit Canseliet, « je le visitai presque chaque semaine, depuis l'été de 1916 ».[3]

Durant la première guerre mondiale, la classe de mobilisation de Canseliet étant 1919[4], il devait être appelé sous les drapeaux cette année-là. En raison du manque d'hommes sur le front, ce fut en 1918, et pour quelques mois seulement, avant que notre homme soit réformé pour raisons de santé.

La rencontre avec Fulcanelli

Revenons sur les circonstances de la rencontre. Eugène Canseliet fait la connaissance d'une *vieille personne*, disciple du Zouave Jacob. *Elle balayait l'escalier de l'École et faisait aussi le ménage chez Fulcanelli. Alors, elle me l'a fait connaître. Il habitait un petit hôtel particulier, avec un beau jardin, dans le quartier de la préfecture*[5].

Cet hôtel particulier existe encore. Les Marseillais le nomment aujourd'hui Maison Paul Valéry (le poète y séjourna également) ou La Rose du Ciel. Il se situe rue Sainte, face à l'Abbaye Saint-Victor sur laquelle il a vue. Cette maison avec un beau jardin appartenait alors à la famille Fournier, celle du docteur dont la clinique - et accessoirement la bibliothèque - se situait, près de la rue Sainte, au 7 rue Dieudé. On comprend alors pourquoi le conseil de Fulcanelli fut prodigué au jeune Canseliet précisément rue Dieudé ; une rue qui ne comporte, soit dit en passant, aucun *hôtel particulier avec un beau jardin*. Surtout, on saisit mieux l'influence de la Vierge Noire des cryptes de l'abbaye Saint-Victor : sujet de la première planche du Mystère des Cathédrales, on la retrouve à la toute fin des Demeures Philosophales (édition originale 1930) à propos de la légende des cierges verts de Saint-Victor. Elle ouvre et ferme l'œuvre de Fulcanelli. Nul doute que Champagne était là pour réaliser la première illustration des livres alors en gestation. Son maître et lui n'avaient que la rue à traverser.

Merci à notre correspondant à Marseille pour cette photographie de La Rose du Ciel, rue Sainte, où fut invité Fulcanelli en 1915. Photo Gilbert Bonnet, éditeur (voir bibliographie).

Parmi les jeunes témoins du séjour de Fulcanelli à la Rose du Ciel se trouvaient Margueritte Fournier et son beau-frère, Hippolyte Ebrard. Tous deux furent les amis de Paul Valéry qui séjourna chez eux, où il rédigea *Mon Faust*, pièce de théâtre inachevée dont le personnage central est alchimiste.

La personnalité d'Ebrard mérite qu'on s'y arrête.

Hippolyte Ebrard, rose-croix et écrivain

Personnalité haute en couleurs que cet homme bien connu des milieux littéraires marseillais : à sa mort en 1964, Jean Ballard lui rend un vibrant hommage dans « Les Cahiers du Sud », la revue littéraire dont il est le fondateur et dans laquelle vont écrire Eugène Canseliet (qui y publiera notamment *L'Hermétisme dans la vie de Swift*) et René Alleau, pour ne citer qu'eux. Jean Ballard intitule son article en forme d'hommage « Les Heures d'Or de la Rose du Ciel », et rappelle l'amitié qui lia Ebrard et sa belle-sœur Margueritte Fournier à l'illustre écrivain Paul Valéry. Titre bien choisi pour honorer la mémoire du rose-croix que fut Hippolyte Ebrard, lequel est aussi l'auteur d'un singulier roman : *La Grande Espérance*, texte résolument humaniste prônant un Gouvernement Mondial.

La préface de ce roman est signée par un ami d'Ebrard, Hector Ghilini qui connut fort bien Julien Champagne, l'illustrateur de Fulcanelli. Ghilini est l'auteur d'un livre curieux, *Le Secret du Dr Voronoff* (parution en 1926), qui conte l'histoire véridique de ce chirurgien qui fit un scandale en greffant des testicules de singes à ses patients pour qu'ils retrouvent une jeunesse perdue ! Plus de 400 interventions chirurgicales seront menées à bien par les équipes du bon docteur.

C'est cependant la première femme de Voronoff qui retient notre attention : il s'agit de la chimiste et alchimiste Louise Barbe, que les amateurs d'hermétisme connaissent bien. Eugène Canseliet, unique disciple de Fulcanelli, publie dans la seconde édition de ses "Deux logis alchimiques" (Pauvert) une photographie ainsi que le portrait peint par Julien Champagne, illustrateur du maître. Le docteur Voronoff semble avoir modérément apprécié de découvrir sa femme posant nue pour Champagne ! La suite nous est contée par Geneviève Dubois[6] : « Louise Barbe est la première femme du Docteur Voronoff que Champagne, d'après Robert Ambelain, berna magistralement. Le peintre était un farceur et un bon vivant. Il avait fait croire à Serge Voronoff qu'il avait la chrysopée (la pierre philosophale) et pour appuyer ses dires, lui avait montré sa carte d'identité qui lui donnait, en regard de son aspect physique étonnamment jeune, un âge canonique. En fait, c'était celle de son père qu'il avait trafiquée, car il était extrêmement habile. »

A noter que le caractère facétieux de Julien Champagne, son penchant avéré pour la Dive Bouteille, ainsi que son appartenance, un temps, au Grand Lunaire, secte luciférienne parisienne, tout cela ne plaide guère en faveur d'une identification - par certains suggérée - de Champagne à l'adepte Fulcanelli.

On sait que Louise Barbe fréquenta le salon des Lesseps avenue Montaigne (Dubois) et une chose semble acquise : après avoir reçu Fulcanelli à La Rose du Ciel (Marseille, rue Sainte), Hippolyte Ebrard reste en contact avec des proches de l'alchimiste.

Ce que nous révèle Ebrard

La raison pour laquelle nous avons insisté sur cet écrivain rose-croix tient en une phrase : Hippolyte Ebrard fut un membre de notre famille, plus précisément le cousin de notre grand-père maternel, et fit certaines confidences.

Notre oncle Pierre Ebrard collecta ces informations. C'est à lui que nous devons notre intérêt pour l'ésotérisme. Pierre fut en effet le fondateur, avec Guy Trédaniel, des éditions de la Maisnie (qui publient par exemple *Le Laboratoire Alchimique* d'Atorène). Il m'offrit, alors que j'étais encore adolescent, L'*Histoire de la Magie* d'Eliphas Lévi, qu'il venait d'éditer en fac-similé. Plus tard, Guy Trédaniel me fit cadeau d'une belle édition de l'Archéomètre de Saint-Yves d'Alveydre ; en couverture, la mention Pierre Ebrard et Guy Trédaniel Éditeurs. Je suis persuadé que mon oncle sut recueillir les confidences d'Hippolyte Ebrard - et ses souvenirs - sans déformer en rien leur contenu.

Que savons-nous du Fulcanelli reçu à la Rose du Ciel en 1915 et 1916 ?

A la fois peu et beaucoup, tant sont rares les informations de première main sur l'adepte.

Fulcanelli, en 1915, avait l'aspect d'un homme déjà âgé. Soixante-dix ans environ.

Il fit montre d'un savoir éblouissant, qui marqua beaucoup ses hôtes. Il ne révéla jamais son identité, mais assura avoir été « naguère » membre de l'Académie des Sciences.

Fulcanelli, adepte au XXe siècle

Fulcanelli fut adepte, c'est-à-dire qu'il obtint la Pierre Philosophale. Rechercher son identité profane, celle « d'avant » son renoncement à la vie publique, ce n'est pas montrer une vaine et malsaine curiosité, mais c'est chercher à mieux aborder l'œuvre du maître, en ayant une idée du chemin parcouru. Nous allons voir que nos efforts seront récompensés. Nous tenons à préciser que l'identité du maître, telle que nous la dévoilons au fil de cette enquête, fut révélée pour la première fois – à notre connaissance – par **Jacques Grimault**, auteur d'un livre sur lequel nous reviendrons.

Que savons-nous de Fulcanelli ? Qu'il fut **membre de l'Académie des Sciences**. Cette confidence d'Hippolyte

Ebrard ne surprendra guère ceux qui connaissent les éléments du puzzle. Eugène Canseliet nous l'a dit : c'était un personnage « considérable ». Qu'on en juge : il connut fort bien, nous révèle le disciple (*Le Feu du Soleil*), l'illustre Prix Nobel Pierre Curie, ainsi que Michel-Eugène Chevreul, Marcellin Berthelot qui écrivit « *Les Origines de l'alchimie* », Ferdinand de Lesseps, constructeur du Canal de Suez. A Hendaye, Fulcanelli se rapproche du maire, Antoine d'Abbadie, qui fit déplacer la croix cyclique, sur laquelle nous reviendrons, sur la place de l'église. Tous sont des scientifiques célèbres à leur époque, et tous (Curie, Chevreul, Berthelot, Lesseps, Abbadie) ont en commun d'appartenir à **l'Académie des Sciences**. Fulcanelli fut un ami d'Anatole France, membre lui aussi de l'Institut de France, l'un des « *immortels* » puisque c'est ainsi qu'on les surnomme.

A ce propos, le texte émanant d'un proche du maître de Savignies nous semble édifiant, paru dans l'ouvrage de Claude Seignolle *Invitation au Château de l'Étrange*[7]. Pour la première fois est évoqué le voyage en Espagne du maître de Savignies, ami de l'auteur. Canseliet n'est pas nommément cité, mais on le reconnaît aisément à de nombreux détails confirmés par la suite. Seignolle précise même : « en révélant cette aventure confidentielle, je vais trahir un ami » (page 140). Suivent le récit intitulé « Autour de Saint Merri », évoquant les frasques diaboliques de l'illustrateur Julien Champagne, et, ce qui nous intéresse ici, le paragraphe nommé « X ... L'immortel », que nous citons ici intégralement et qui décrit, à l'évidence, Fulcanelli :

« X... L'IMMORTEL

Je jure sur l'honneur que ce savant respecté, est sain d'esprit. Sa science et sa réputation l'exigent avant tout. Nous l'écoutons, chez moi, entre amis, définir l'univers cosmique de la goutte de rosée et préciser les soins qu'il apporte à les recueillir pour ses travaux, aux moments de la pleine lune, sur des herbes soigneusement entretenues en état de pureté sans engrais néfaste. Puis il nous parle de l'Immortalité, et, à ce propos, quelqu'un d'entre nous lui ayant demandé si X..., le célèbre chercheur du début du siècle, avait pu résoudre le secret de longue vie, notre savant ami baisse d'un ton et nous avoue l'avoir rencontré à Paris, l'an dernier dans une réunion d'initiés. Ils ont échangé de brefs propos. X... avait à peine vieilli physiquement et il était cérébralement aussi vif qu'autrefois. « Quel âge a-t-il, à présent? » questionne-t-on. « Voyons... voyons, calcule lentement notre savant, en fermant les paupières,... cent quinze ans, cent vingt peut-être, mais guère plus ». Claude Seignolle Invitation au Château de l'Étrange, page 146.

Ainsi, le célèbre chercheur du début du siècle est non seulement X mais aussi... Immortel (membre de l'Institut de France, dont l'Académie des Sciences fait partie). Mais qu'évoque le X, passé le sens premier d'inconnu ?

X, on le sait, désigne couramment l'école Polytechnique. Henri Bodard, qui fut président de l'association Atlantis, relate les faits suivants :

N'étant pas assis tout près du Maître [Canseliet], *mais face à lui à quelques mètres sur sa droite, je l'entendis parler du fameux rébus «S X KOH ». Se tournant vers moi et élevant la voix il m'interpella, demandant quelque chose comme : « Souffre et potasse pour l'X, vous connaissez cela Henri, n'est-ce pas ? » Le prenant au mot, je lui répondis : « Oui, monsieur Canseliet, et j'ai même souvent pensé que Fulcanelli lui-même... » Sa réponse vint de suite : « Ah, c'est bien possible... »* (Atlantis, n°398, p.367).

Fulcanelli évoque lui-même sa formation scientifique dans les Demeures Philosophales :

« *Nous savons ce qu'il en coûte pour troquer les diplômes, les sceaux et les parchemins contre l'humble manteau du philosophe. Il nous a fallu vider, à vingt-quatre ans, ce calice au breuvage amer. Le cœur meurtri, honteux des erreurs de nos jeunes années, nous avons dû brûler livres et cahiers, confesser notre ignorance et, modeste néophyte, déchiffrer une autre science sur les bancs d'une autre école.* »

Et à propos du X :

« *En ce sens, et dans l'argot des étudiants, il sert à distinguer l'Ecole Polytechnique, en lui assurant une supériorité que taupins et chers camarades n'admettraient point qu'on discutât. Les premiers, candidats à l'Ecole, sont unis, dans chaque promotion ou taupe, par une formule cabalistique composée d'un X dans les angles opposés duquel figurent les symboles chimiques du soufre et de l'hydrate de potassium :*

sXKOH (Fulcanelli met le X en évidence)

Cela s'énonce, en argotique bien entendu, « *Soufre et potasse pour l'X* ».

Eugène Canseliet nous donnera encore cette précision, dans les Alchimiques Mémoires (in *La Tourbe des Philosophes* n°11) : « *Trois ans après la malheureuse insurrection de la Commune, Fulcanelli, jeune ingénieur qui avait participé à la défense de Paris, sous les ordres de Monsieur Viollet-le-Duc, rendit visite à son lieutenant-colonel* ».

Ainsi, Fulcanelli est polytechnicien puis ingénieur. Un détail va nous permettre d'affiner notre recherche : en 1870, M. Alphand, inspecteur général des Ponts-et-Chaussées, et Viollet-le-Duc, effectivement lieutenant-colonel, recrutent, pour la défense de Paris, des ingénieurs issus des **Ponts et Chaussées** et de l'**École des Mines**.[8]

Enfin, ce portrait robot ne serait pas complet sans la mention de l'année de naissance de l'intéressé. Par chance, Canseliet, qui décidément communique (involontairement ?) tous les éléments requis pour identifier son maître, nous livre cette précieuse information. Sur la jaquette de couverture des Demeures Philosophales (édition 1973 chez Pauvert), on peut lire :

Si, en Héliopolis, je me trouve, toujours et très sévèrement soumis, par le serment, à l'ancestrale discipline du secret, combien, en revanche, de hauts personnages, libres et puissants, qui eussent pu parler, même confidentiellement, se turent, comme liés par un tacite accord !

Il importe qu'on sache, en particulier, que Fulcanelli, dans sa jeunesse, était reçu par Chevreul, de Lesseps et Grasset d'Orcet ; qu'il était l'ami de Berthelot et qu'il connut très bien Curie, son cadet de vingt années, ainsi que Jules Grévy et Paul Painlevé. Dans l'automne de 1919, alors que je me trouvais avenue Montaigne, avec Julien Champagne qui travaillait là, pour Paul de Lesseps, Fulcanelli arriva inopinément. Crêpe au bras gauche, j'étais en deuil de ma grand'mère, de sorte que, surpris, le Maître continua ses questions : « Mais quel âge avait-elle ? » Comme mon aïeule paternelle était née en 1839, je répondis : « 80 ans. » « Tiens ! s'exclama-t-il, tout juste le mien ! »
Eugène Canseliet

Naissance de Fulcanelli : Canseliet confirmera l'année 1839 de nombreuses fois, dans le Feu du Soleil, par exemple, ou l'émission « Radioscopie » sur France-Inter.

A ce stade, nous disposons d'un portrait de Fulcanelli :

Il est né en 1839. Après Polytechnique, il intègre une école d'ingénieur (probablement les Ponts et Chaussées ou l'École des Mines). Il deviendra membre de l'Académie des Sciences.

Après une courte enquête (on trouve aisément les listes requises), nous constatons que seuls trois noms peuvent correspondre à ce portrait-robot.

L'examen des quatre critères 1839-Polytechnique-Ingénieur-Académie des Sciences suffit pour conclure. Fulcanelli ne peut avoir pour identité que :

- Hilaire de Chardonnet (1/5/1839 - 11/3/1924), École polytechnique, Ponts et Chaussées.

- Marie-Adolphe Carnot (27/1/1839 - 21/6/1920), École polytechnique, École des mines de Paris.

- Albert Cochon de Lapparent (30/12/1839 - 4/5/1908), École polytechnique, École des mines de Paris.

Tous trois furent membres de l'Académie des Sciences :

Hilaire de Chardonnet élu le 12 mai 1919, section des applications de la science à l'industrie.

Marie-Adolphe Carnot en 1895, membre libre de l'Académie des sciences.

Albert de Lapparent devient membre en 1897. En mai 1907, il est secrétaire perpétuel de l'Académie, pour les sciences physiques, à la suite de son ami Marcellin Berthelot mort en mars de la même année.

A ce stade de l'enquête, nous nous tournons naturellement vers les livres qui, nombreux, prétendent révéler la véritable identité de Fulcanelli. Notre bibliothèque en compte une quinzaine, pour dix prétendants différents ! Mais à chaque fois, il manque le respect d'un des critères requis pour l'identification.

Seul un ouvrage paru en 2015, « L'Affaire Fulcanelli » de Jacques Grimault[9], comporte l'un des trois noms retenus : pour l'auteur, qui fut un temps président de l'association Atlantis (éditeur de la revue du même nom, dans laquelle écrivit naguère Eugène Canseliet), l'adepte est, avant de disparaître, l'académicien **Albert de Lapparent**. Autant le dire d'emblée : nous nous rangeons sans hésitation à son exposé. Nous invitons le lecteur intéressé par ce dossier à prendre connaissance du travail de Jacques Grimault qui, par des méthodes d'investigation complémentaires des nôtres, aboutit à une conclusion similaire.

Revenons à notre propre étude. L'examen des trois candidatures retenues nous incite à fouiller la biographie de nos « fulcanellisables ».

Hilaire de Chardonnet nous semble devoir être écarté assez aisément. Tout d'abord, sa carrière essentiellement industrielle cadre peu avec la fréquentation savante des Curie, Berthelot et autres Chevreul. Chardonnet n'entre à l'Académie des Sciences qu'en 1919, alors que Pierre Curie est élu membre de l'Académie en juillet 1905 et meurt accidentellement l'année suivante. Un élément décisif écarte définitivement Chardonnet de notre liste : royaliste et légitimiste, hostile à Napoléon III, il accompagne le comte de Chambord dans son exil en Autriche, et ne peut avoir participé à la défense de Paris en 1870.

La carrière politique de Marie-Adolphe Carnot (frère du président de la république assassiné en 1894, Sadi Carnot) nous semble peu compatible avec la nécessaire discrétion sociale d'un alchimiste découvrant la Pierre. Président du Conseil général de Charente en 1902, puis président de l'Alliance Démocratique, l'ingénieur Carnot est une figure visible, engagée politiquement. Il est aussi président du conseil d'administration du Gaz de Paris, en 1907. On imagine très mal cette célébrité passer incognito dans le salon des Lesseps, en 1919 - comme nous le révèle Canseliet -, le disciple ignorant alors son âge, donc son identité. Fulcanelli avait volontairement disparu socialement, bien avant cette date, et ne peut pas être Carnot.

Il résulte de notre enquête une seule identité possible :

Fulcanelli fut l'académicien **Albert de Lapparent**.

Fulcanelli

Albert de Lapparent, alias Fulcanelli, est né à Bourges le 30 décembre 1839, à 6H. Il entre en 1858 à l'École polytechnique dont il sort major en 1860. A l'École des mines de Paris, il suit les cours de géologie d'Élie de Beaumont, qui le désignera pour réaliser la carte géologique de la France. Lors de la guerre de 1870, il est lieutenant de la Garde Nationale et travaille a la mise au point des cartes d'état-major.

Chevalier de la Légion d'honneur, membre de l'Académie des Sciences, il devient le secrétaire perpétuel pour les sciences physiques, en 1907, à la suite de Marcellin Berthelot. Il disparaît le 4 mai 1908.

Notes

[1] Jaquette de l'édition 1973 des *Demeures Philosophales*, chez Pauvert. Atorène donne aussi la date de 1915 dans son *Laboratoire Alchimique* paru aux éditions de la Maisnie, Guy Trédaniel, 1982.

[2] Robert Amadou, Le Feu du Soleil, Entretien sur l'Alchimie avec Eugène Canseliet, Pauvert 1978, page 59.

[3] Les Cahiers de La Tour Saint-Jacques, IX, 1962, *Réponse à un réquisitoire*, p. 209.

[4] Archives départementales du Val-d'Oise, registres d'incorporation militaire. *En ligne*.

[5] Le Feu du Soleil, op. cité, p. 60

[6] Geneviève Dubois, Fulcanelli Dévoilé, Dervy, 1996

[7] Claude Seignolle, Invitation au Château de l'Étrange, Éditions Maisonneuve et Larose, 1969. Préface de Jacques Bergier.

[8] Le Corps auxiliaire du génie militaire - Le 9 août, jour de la proclamation de l'état de siège, le préfet de la Seine, sur demande du Ministre de la Guerre, chargeait les ingénieurs du service municipal de l'exécution des plans étudiés par les officiers du génie militaire pour fermer les fortifications de Paris. Le service était immédiatement organisé et réparti entre trois ingénieurs en chef et onze ingénieurs ordinaires, chargés chacun d'un arrondissement avec le nombre nécessaire de conducteurs, piqueurs et chefs cantonniers. Ce personnel s'accrut dans la suite par l'arrivée d'ingénieurs des Ponts et Chaussées et des Mines du département de la Seine et des départements voisins. Le préfet confia la haute direction de ce service à un inspecteur général des Ponts et Chaussées, M. ALPHAND.

Le 24 août, un décret instituait officiellement ce service sous le nom de « Corps auxiliaire du génie ». Ce corps était aux ordres du général du génie de CHABAUD La TOUR. Les ouvriers qui en faisaient partie recevaient, en temps d'activité, une solde réglée d'après la série des prix de la Ville de Paris. M.ALPHAND fur nommé commandant en premier, M. VIOLLET-LE-DUC commandant en second.

Nous savons que l'architecte Viollet-le-Duc fut commandant en second, avec le titre de lieutenant-colonel du Corps auxiliaire du Génie dès le 24 août 1870, et lieutenant-colonel de la Légion du Génie auxiliaire de la Garde Nationale de la Seine, divisée en deux bataillons, dès le 7 novembre 1870

La Garde Nationale de la Seine, Les deux sièges - 1870-1871.
http://jenevoispaslerapoport.blogspot.fr/2012/07/la-garde-nationale-paris-1870-1871.html

[9] Jacques Grimault, L'Affaire Fulcanelli, Éditions de La Nouvelle Atlantide, avril 2015.

Chapitre 2

La Disparition de Fulcanelli

Albert de Lapparent est mort en 1908. Officiellement.

Eugène Canseliet, qui ne rencontre Fulcanelli qu'en 1915, ne sait pas grand-chose sur son maître en alchimie : « Vous savez, il n'avait pas de gros moyens, mais je ne l'ai jamais vu travailler pour vivre » (Le Feu du Soleil). A cette époque, l'adepte n'est entouré ni de femme ni d'enfant ; ce qui ne signifie pas qu'il n'en eut jamais, même si certaines enquêtes reposent sur ce raccourci. Le maître de Savignies ira même jusqu'à confier qu'il ignore l'identité réelle de Fulcanelli (Radioscopie sur France-Inter).

Les apparitions de l'adepte sont multiples, au moins jusqu'en 1930 (il a alors 90 ans).

1923 : Fulcanelli remet trois paquets de notes scellés à la cire (Le Feu Du Soleil page 72), contenant les manuscrits du Mystère des Cathédrales, des Demeures Philosophales et du Finis Gloriae Mundi.

1924 : mort d'Anatole France (le 12 octobre). Fulcanelli assiste aux obsèques.

1925 : Fulcanelli corrige la mise en forme du Mystère des Cathédrales.

1929 : Fulcanelli retire le manuscrit du Finis Gloriae Mundi. Eugène Canseliet écrira à ce propos : « *Ces considérations ne sont pas sans rapport avec tout ce que pouvait contenir le troisième livre du Maître, au titre latin de Finis Gloriae Mundi — La Fin de la Gloire du Monde — et qu'il nous reprit, en 1929, dans sa décision prise alors, que ces révélations ne dussent pas paraître.* »[10]

1952 : Canseliet affirme avoir revu Fulcanelli cette année-là, en Espagne. L'adepte, à 113 ans, paraissait un homme de l'âge de son disciple – la cinquantaine (LFDS page 68, Radioscopie).

A noter qu'officiellement, en octobre 1924 (obsèques d'Anatole France) et à plus forte raison en 1925 et 1929, tous les « fulcanellisables » avancés par divers auteurs sont morts : Paul Decoeur, Jules Violle, Charles de Lesseps, Albert de Lapparent... pour ne citer qu'eux.

Ainsi, toutes les enquêtes se heurtent au même problème : Fulcanelli disparaît, officiellement mort, et réapparaît ! C'est ce qu'il nous faut admettre si nous suivons Eugène Canseliet qui, dans la première préface au Mystère des Cathédrales, écrit :

« L'Auteur de ce livre n'est plus, depuis longtemps déjà, parmi nous. L'homme s'est effacé. Seul, son souvenir surnage. J'éprouve quelque peine à évoquer l'image de ce Maître laborieux et savant, auquel je dois tout, en déplorant, hélas ! qu'il soit parti si tôt. Ses nombreux amis, frères inconnus qui attendaient de lui la résolution du mystérieux Verbum demissum, *le regretteront avec moi.*

Pouvait-il, arrivé au faîte de la Connaissance, refuser d'obéir aux ordres du Destin ? - Nul n'est prophète en son pays. - Ce vieil adage donne, peut-être, la raison occulte du bouleversement que provoque, dans la vie solitaire et studieuse du philosophe, l'étincelle de la Révélation. Sous l'effet de cette flamme divine, le vieil homme est tout entier consumé. Nom, famille, patrie, toutes les illusions, toutes les erreurs, toutes les vanités tombent en poussière. Et de ces cendres, comme le phénix des poètes, une personnalité nouvelle renaît. Ainsi, du moins, le veut la Tradition philosophique.

Mon Maître le savait. Il disparut quand sonna l'heure fatidique, lorsque le Signe fut accompli. Qui donc oserait se soustraire à la Loi? -Moi-même, malgré le déchirement d'une séparation douloureuse, mais inévitable, s'il m'arrivait aujourd'hui l'heureux avènement qui contraignit l'Adepte à fuir les hommages du monde, je n'agirais pas autrement.»
Eugène Canseliet, octobre 1925.[11]

En 1925, Fulcanelli *n'est plus*, depuis longtemps déjà, *parmi nous.* Canseliet ne nous dit pas qu'il est mort, mais qu'il a renoncé, *depuis longtemps*, à toutes les illusions. *Nom, famille, patrie* disparaissent. Et le vieil homme renaît de ses cendres.

Ainsi, nous pensons que, concrètement, Albert de Lapparent simula son décès en 1908 pour vouer le restant de son existence à la quête de la pierre, qu'il découvrit en 1923. Un hommage posthume précise en 1908 : « *C'est avec une douloureuse surprise que le monde savant apprenait, le 4 mai dernier, la mort presque subite d'Albert de Lapparent…/… Il y a quelques mois à peine, on le voyait encore si alerte et si jeune d'aspect…* »[12] La complicité du médecin légiste fera le reste.

Il se trouvera certainement des esprits refusant cet épisode d'une mort simulée pour échapper à la vie sociale, au poids de la notoriété. Ceux-là penseront que Julien Champagne, l'illustrateur, et son compère Eugène Canseliet, ont tout inventé. Et que même si Albert de Lapparent est bien à l'origine de la doctrine hermétique du *Mystère* et des *Demeures*, il s'éteignit en 1908 sans avoir trouvé la pierre.

Ce n'est pas notre avis, et à l'évidence pas celui d'Eugène Canseliet, en qui nous avons toute confiance. Mais qu'importe si le mystère Fulcanelli reste entier ! Nous allons découvrir l'apport considérable de l'œuvre scientifique d'Albert de Lapparent à la compréhension des livres de Fulcanelli. Et c'est bien là l'essentiel.

Notes

[10] Eugène Canseliet, Trois Anciens Traités d'Alchimie, Pauvert, 1975. Commentaires de la planche IX.
[11] Fulcanelli, Le Mystère des Cathédrales, première préface.
[12] Annales de Géographie, Année 1908, Volume 17, Numéro 94, p.344.

Chapitre 3

Fulcanelli avant 1908

Né en 1839, élève de l'école polytechnique (dont il sort major), diplômé des Mines, membre de l'Académie des Sciences (dont il devient le secrétaire perpétuel en 1907), Albert de Lapparent, alors jeune ingénieur, participe en 1870 à la défense de Paris, avec le grade de lieutenant. Tous les critères d'un fulcanellisable sont ici réunis. Mais plus encore que le respect scrupuleux des dires de Canseliet, c'est la parenté étroite entre l'œuvre du scientifique, avant 1908, et les écrits de Fulcanelli, qui fait tout l'intérêt de cette assimilation.

Minéralogiste et géologue, membre de la société de géographie, auteur d'ouvrages scientifiques et de nombreux articles – un style remarquable -, enseignant, catholique engagé : tel est Albert de Lapparent.

La Vie Minérale

Le peintre Julien Champagne est au service de Fulcanelli depuis 1910. La rencontre a eu lieu chez les Lesseps, avenue Montaigne à Paris[13]. Au début de sa troisième préface au *Mystère des Cathédrales*, Canseliet précise que Champagne « *connut Fulcanelli en 1905, dix années avant que nous reçussions le même privilège inestimable, lourd cependant et trop souvent envié* ». Or, en 1908, l'année-même du décès (officiel) d'Albert de Lapparent, Champagne rédige un manuscrit qui ne sera édité qu'en 2010 : *La Vie Minérale*, avec le sous-titre *Étude de Philosophie Hermétique et d'Ésotérisme Alchimique*[14]. Ce titre rappelle l'un des ouvrages d'Albert de Lapparent : *La Philosophie Minérale*.

A la page 39 de son manuscrit, Julien Champagne nous parle de la Fausérite en ces termes : « La Fausérite ($H^{30}MgMn^2S^3O^{27}$), sulfate de manganèse avec 5% de magnésie et contenant parfois jusqu'à 44% d'eau, dont les cristaux se forment journellement dans les galeries de la mine de Herrengrund (Hongrie). La Fausérite se présente en cristaux d'un blanc rougeâtre ou jaunâtre, de saveur amère et astringente. »

Or, voici ce qu'écrivait Albert de Lapparent dans un de ses cours, édité en 1884 chez Savy (page 454, ouvrage disponible en ligne sur Gallica) :

« La Fausérite, $H^{30}MgMn^2S^3O^{27}$, est un sulfate de manganèse avec magnésie (5%) contenant jusqu'à 42% d'eau, qui se forme journellement dans les galeries de mines de Herrengrund (Hongrie). Les cristaux sont d'un blanc rougeâtre ou blanc jaunâtre, solubles et de saveur amère, astringente. »

Comme on peut le constater, Champagne recopie presque mot à mot les notes de son maître en alchimie, dont l'œuvre, de manière générale, influence considérablement le manuscrit de l'illustrateur. Incidemment, Julien Champagne cite même le nom de son initiateur, le minéralogiste M. de Lapparent (*La Vie Minérale*, page 34).

Albert de Lapparent et Pierre Curie

Fulcanelli, écrit Canseliet, fut un proche de Pierre Curie. Rappelons que les époux Curie reçurent, avec Henri Becquerel, le prix Nobel de physique, en 1903, récompensant leurs travaux sur la radioactivité, qui n'est rien d'autre qu'une transmutation naturelle de la matière.

Albert de Lapparent relate, dans *La Philosophie Minérale* (disponible en ligne sur Gallica), l'anecdote suivante :

« En examinant le minerai naturel d'uranium, appelé péchurane ou pechblende à cause de sa couleur d'un noir de poix (pech en allemand signifie poix), M. et Mme Curie remarquèrent qu'une variété du minerai en question se montrait trois fois plus active que l'uranium pur…/… Les mêmes substances exercent sur notre organisme une action remarquable, comme M. Becquerel en a fait, le premier, l'expérience, à ses dépens. En possession d'un petit fragment d'un sel actif de radium, il l'avait enveloppé de papier et mis dans le gousset de son gilet. Bientôt il ressentit au côté une brûlure assez vive. M. Curie voulut étudier cette influence en y soumettant son propre bras. L'épreuve fut si décisive que la lésion mit plusieurs semaines à disparaître. »

Comme ceux de Lapparent avec la cristallographie et la lumière, les travaux des époux Curie flirtent avec l'alchimie.

Incidemment, signalons que Maurice Leblanc, dans *L'Île Aux Trente Cercueils*, citant Becquerel et Curie, reprend cette anecdote d'une main brûlée par la pechblende, la « Pierre-Dieu ». L'auteur des *Arsène Lupin* fut, comme sa sœur Georgette Leblanc, cantatrice, un proche des milieux ésotériques parisiens. Le géologue découvrant une pluie d'or dans un passage entre la France et l'Angleterre, que Leblanc met en scène dans *Le Formidable Événement*, rappelle étrangement Albert de Lapparent, lequel évoquait, déjà, la possibilité d'un tunnel sous la Manche (*La Revue des Questions Scientifiques*).

La cristallographie

Albert de Lapparent excelle dans l'étude de la cristallographie et collectionne les minéraux pour l'Institut Catholique de Paris, où il enseigne. L'étude géométrique des formes cristallines le passionne. Son *Cours de Minéralogie*[15] comporte de nombreux exemples de formes géométriques complexes, dont certaines seront reproduites par l'Abbé Moreux, en 1924, dans son *Alchimie Moderne*. La Pyrite, ou sulfure de fer, épouse ainsi la forme d'un *icosaèdre*, polyèdre régulier bien connu dès l'antiquité puisqu'il compte parmi les *solides de Platon*. Il est très remarquable de constater que dans le chapitre voué au *Sundial* (cadran solaire) d'Edinbourg qui clôt les Demeures Philosophales (1930), est longuement décrit l'*icosaèdre* du monument que Julien Champagne dessina d'après une carte postale. La présentation qu'en fait Fulcanelli est très marquée par son existence antérieure d'enseignant : «*C'est un petit édifice d'une extrême singularité. Vainement interrogeons-nous nos souvenirs : nous n'y trouvons pas d'image analogue à cette œuvre originale et si fortement caractérisée. C'est plutôt un cristal érigé, une gemme élevée sur un support, qu'un véritable monument. Et cet échantillon gigantesque des productions minières, serait mieux à sa place dans un musée de minéralogie qu'au milieu d'un parc où le public n'est point admis à pénétrer.*» Nous reviendrons sur l'étrange monument d'Edimbourg, que visita le géographe Antoine d'Abbadie.

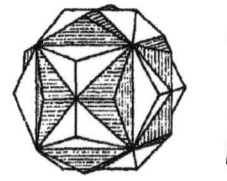 

Schéma extrait du Cours de Minéralogie *d'Albert de Lapparent*

Cette carte postale fut reproduite à l'identique par Julien Champagne pour illustrer le dernier chapitre des Demeures Philosophales. Ci-dessous, la pyrite a la forme d'un icosaèdre.

L'axe des pôles

Un autre thème apparaît dans l'œuvre de Lapparent : le déplacement de l'axe des pôles. C'est le titre de l'article de synthèse qu'il signe dans le tome deuxième de la *Revue des Questions Scientifiques* pour l'année 1877, publiée par la Société Scientifique de Bruxelles (Antoine d'Abbadie signe également une notice dans ce tome).

« L'hypothèse d'un déplacement possible de l'axe des pôles s'est plus d'une fois présentée à l'esprit des géologues » écrit Albert de Lapparent, qui ajoute : « une flore crétacée à caractère tropical a été découverte au Groenland.../... des chênes, des peupliers et un noyer, tout cela jusque sous le 79e degré de latitude. » Lapparent étudie ensuite la possibilité d'une écorce terrestre solide susceptible de glisser sur le noyau qu'elle recouvre. Voici une idée moderne, que reprendra à son compte Charles Hapgood en 1955, son livre étant préfacé par... Albert Einstein en personne ! Lapparent reprend : « Dire que l'axe de la terre peut très bien s'être trouvé, à d'autres époques géologiques, à 40° de sa situation actuelle, c'est montrer qu'il n'y a pas de point, à la surface du globe, qui n'ait pu, à son heure, être placé dans le voisinage du pôle ». A. de Lapparent, professeur de Géologie à l'Université catholique de Paris, 1877.

Le même auteur, futur Fulcanelli, écrira en 1899 *Le Globe terrestre*, en trois volumes : *La Formation de l'écorce terrestre ; la Nature des mouvements de l'écorce terrestre. La Destinée de la terre ferme et la durée des temps.*

Plus tard, Lapparent devenu Fulcanelli reprendra ces thèmes. En 1982, Jean Laplace trouva au domicile de son ami Eugène Canseliet, qui venait de s'éteindre, une chemise de cartonnage contenant le synopsis du troisième livre de Fulcanelli, Finis Gloriae Mundi. Il en fit une copie intégrale qu'il publia en 1988 dans le numéro 31 de la revue *La Tourbe des Philosophes* (fondateur : Jean Laplace). Nous reviendrons bien entendu sur ce précieux document, en nous contentant pour l'heure de relever cet extrait :

Les cycles successifs scellés dans les couches géologiques. Fossiles. Flore et faune disparues. Les causes cosmiques du bouleversement. Variations inexplicables du pôle magnétique. Ascension solaire au zénith du pôle et retour en sens contraire provoquant le renversement de l'axe, le déluge et la fusion à la surface du globe.

La comparaison des deux textes est édifiante. Le Finis Gloriae Mundi se nourrit d'une réflexion antérieure dont la source est lisible dans la carrière scientifique d'Albert de Lapparent.

Notes

[13] On lira ces renseignements biographiques dans l'incontournable livre de Jean Artero : Julien Champagne, Apôtre de la Science Hermétique, Le Mercure Dauphinois, 2014.

[14] Julien Champagne, La Vie Minérale, Étude de Philosophie Hermétique et d'Ésotérisme Alchimique, 2010, Éditions les trois R. Préface de Jean Artero. Réédité en 2015.

[15] Albert de Lapparent, Cours de Minéralogie, Savy 1884. Consultable en ligne sur le site Gallica de la BNF.

Chapitre 4

Antoine d'Abbadie et la croix cyclique d'Hendaye

Vincent Bridges et Jay Weidner ont mené une enquête approfondie sur la Croix cyclique d'Hendaye, et rencontré Fulcanelli sur leur chemin, ainsi qu'un personnage clé dans notre dossier. Laissons-les présenter ce singulier président de l'Académie des Sciences (nous traduisons ici de l'anglais) [16] :

« Antoine d'Abbadie, bien que presque totalement inconnu hors de France, fut une figure majeure de la communauté scientifique du XIXe siècle, président de l'Académie des Sciences dans les années 1890. Explorateur, linguiste, astronome, collectionneur de contes et de manuscrits ésotériques, partisan du néo-gothique, Antoine d'Abbadie apparaît comme un prédécesseur très français d'Indiana Jones.

Les notes d'Antoine d'Abbadie relatives à son voyage en Angleterre, Irlande et Écosse, en 1835, révèlent, en général, un profond attachement à l'architecture gothique, ainsi qu'un intérêt particulier pour l'énigmatique icosaèdre du palais d'Holyrood en Écosse, longuement décrit dans les Demeures Philosophales[17]. *Ses spéculations sur la connexion entre les Basques et l'Atlantide se retrouvent aussi dans les Demeures, comme ses vues sur l'âge du sphinx et de la civilisation égyptienne. Antoine d'Abbadie peut-il être le vrai ou le premier Fulcanelli ?»*

Antoine d'Abbadie d'Arrast est né à Dublin en 1810. Il rejoint une mission scientifique au Brésil organisée par l'Académie des sciences en 1836, afin de réaliser des observations magnétiques et de géodésie. Il dirige la Société de géographie en 1892.

Une petite précision s'impose d'emblée : les œuvres de Fulcanelli se terminent par « La Croix cyclique d'Hendaye », qui clôt le *Mystère des Cathédrales*, et le « Paradoxe du progrès illimité des sciences », dernier chapitre des *Demeures Philosophales*. Ces deux textes sont absents des éditions originales (1926 et 1930, chez Jean Schemit), et ne furent ajoutés par Eugène Canseliet qu'en 1957 et 1960 (seconde édition des œuvres). Leur destination première était le *Finis Gloriae Mundi*, jamais paru. On comprend toute l'importance de ces deux chapitres dans notre étude.

C'est dans le *Paradoxe du progrès illimité des sciences* que Fulcanelli exposera les idées d'Antoine d'Abbadie, évoquant l'Atlantide et l'Égypte antique, « les traces évidentes de corrosion par les eaux qu'on remarque sur le Sphinx de Gyseh, ainsi que sur quantité d'autres œuvres de la statuaire égyptienne ».

Faut-il pour autant, comme le suggèrent Vincent Bridges et Jay Weidner, voir en Abbadie un « premier - original - Fulcanelli » ? Nous ne le pensons pas. Antoine d'Abbadie n'est pas né en 1839, mais en 1810. Il ne fut ni polytechnicien ni ingénieur. En revanche, bien des points le relient à Fulcanelli, alias Albert de Lapparent :

Antoine d'Abbadie fait construire à Hendaye un château-observatoire, Abbadia, qu'il lèguera à l'Académie des Sciences. Il se visite aujourd'hui. L'architecte sera Viollet-le-Duc, un proche de Fulcanelli d'après Eugène Canseliet. Le restaurateur d'Amiens et de Notre-Dame de Paris élabore un projet néo-gothique, dont il confiera l'exécution, sur le terrain, à son élève Edmond Duthoit. Dans les années 1860, Duthoit accompagne à Chypre Sosthène Grasset d'Orcet, autre ami de Fulcanelli, vulgarisateur de la langue verte *des oiseaux*.

Antoine d'Abbadie devient maire d'Hendaye et fait déplacer la croix cyclique. On connaît la suite : Fulcanelli en fera l'objet unique d'un chapitre du Finis Gloriae Mundi et Julien Champagne dessine la croix d'Hendaye.

Comme Fulcanelli, Antoine d'Abbadie fut un proche de la famille de Lesseps qui possédait une propriété sur la côte basque. On sait que Pierre de Lesseps, ami de Julien Champagne l'illustrateur, y rencontre Michel (neveu d'Antoine) et Harry d'Abbadie (source : Vincent Bridges).

Mais c'est l'Académie des Sciences et surtout la **Société de Géographie** qui réunissent les protagonistes de cette affaire. En 1884, d'Abbadie est membre de la société de géographie française, et Ferdinand de Lesseps en est le président. Or, cette même année, Fulcanelli est lui aussi membre de la société de géographie, comme l'attestent son autobiographie et une lettre, une sorte de CV, rédigée de la main-même de l'alchimiste alors encore socialement en activité (nous revenons plus loin sur cette pièce, reproduite dans notre livre). Le papier est à l'entête de la société de géographie, et le document en date du 8 avril 1884. Fulcanelli sera même un temps vice-président de cette société. On est ainsi absolument certain qu'il fréquenta, durant cette période, Ferdinand de Lesseps et Antoine d'Abbadie.

Les trois hommes se retrouvent au sein de l'Académie des Sciences, qu'Antoine d'Abbadie présidera en 1892 et dont Albert de Lapparent sera, bien plus tard, en 1907, secrétaire perpétuel à la suite de Marcellin Berthelot, si versé lui aussi dans la quête alchimique. Il convient ici de se souvenir des mots de Fulcanelli dans Les *Demeures*

Philosophales. L'adepte y évoque l'Académie des Sciences (in *Chimie et Philosophie*), Chevreuil et Berthelot : « *L'un des maîtres les plus célèbres de la science chimique, Marcellin Berthelot, ne se contenta point d'adopter l'opinion de l'Ecole. Contrairement à nombre de ses collègues, qui parlent hardiment de l'alchimie sans la connaître, il consacra plus de vingt années à l'étude patiente des textes originaux, grecs et arabes. Et, de ce long commerce avec les maîtres anciens, naquit en lui cette conviction que* les principes hermétiques, dans leur ensemble, sont aussi soutenables que les meilleures théories modernes. *Si nous n'étions tenus par la promesse que nous leur avons faite, nous pourrions ajouter à ces savants les noms de certaines sommités scientifiques, entièrement conquises à l'art d'Hermès, mais que leur situation-même oblige à ne le pratiquer qu'en secret.* » Fin de citation, et l'on mesure ici l'implication de Fulcanelli dans la communauté scientifique de son temps.

Lapparent et d'Abbadie fréquentent les mêmes cercles (de Lesseps, Viollet-le-Duc), écrivent l'un et l'autre dans la Revue des Questions Scientifiques, partagent leur passion de la Géographie et des sciences physiques. Mais ce qui les réunit plus encore, à notre sens, est leur foi, leur engagement chrétien ; un engagement qui n'est pas la règle, loin s'en faut, dans les milieux scientifiques de leur époque. D'Abbadie explore l'Éthiopie, et y fonde la première mission chrétienne. Il sera inhumé dans la chapelle de son château-observatoire, à Hendaye. Lapparent renonce à son métier d'ingénieur pour enseigner la minéralogie à l'Institut Catholique de Paris. Son engagement chrétien est total : il sera chevalier de l'ordre des Saints-Maurice-et-Lazare, œuvre au service des nécessiteux et des malades.

La genèse des Fulcanelli se situe loin des groupuscules occultistes qui fleurissent à Paris – et séduiront un Julien Champagne -, et flirte avec de bien plus hautes sphères.

Pour l'alchimiste, la pierre est un *don de Dieu*.

[16] Vincent Bridges et Jay Weidner, The Mysteries Of The Great Cross of Hendaye, Destiny Books, 2003, p. 430.

[17] Les auteurs précisent leur source, en note : *Papiers d'Antoine Th. d'Abbadie, MS XII (2081), Bibliothèque de l'Institut de Paris*.

La maison de Fulcanelli à Paris

Bien que vivant simplement, Fulcanelli semble avoir disposé d'une certaine aisance matérielle. Eugène Canseliet lui rendait visite, à Paris, dans une maison « *qui comportait huit grandes pièces éclairées d'abondance par douze fenêtres, et harmonieusement réparties entre le rez-de-chaussée en surélévation et le premier étage. Le laboratoire était installé dans le sous-sol* » (*La Tourbe des Philosophes* n°7, Alchimiques Mémoires). Cette maison se trouvait à proximité du Temple de l'Amitié, un haut lieu maçonnique sis 20 rue Jacob, dans le 6e arrondissement.

Canseliet complètera cette description dans la même revue, n°10 en hommage à ses 80 ans :

« *Sous les combles, il y avait une petite porte donnant accès à la terrasse qui recouvrait la cage d'escalier, et qui était entourée d'une fine balustrade en pierre blanche. On y marchait sur un épais tapis de plomb. C'était là le lieu le plus élevé, qui était à l'air libre, et où le Maître soumettait, au rayonnement des étoiles et de la lune, ses cuvettes de rosée déjà fort doucement réduite* » (Alchimiques Mémoires).

L'affaire Fulcanelli

Nous l'avons dit, le premier auteur ayant révélé l'identité de Fulcanelli comme étant celle d'Albert de Lapparent, est Jacques Grimault. Nous renvoyons donc le lecteur désireux d'en savoir plus à la lecture de son livre, « *L'Affaire Fulcanelli* ». Les méthodes d'investigation sont différentes, de sorte que les deux études sont, nous semble-t-il, complémentaires, l'une validant l'autre.

Jacques Grimault connaît depuis longtemps l'identité de l'adepte : elle lui fut révélée par son grand-père. Avoir des parents dans le Berry ayant côtoyé les de Lapparent, voila qui facilite grandement l'enquête ! L'auteur de *L'Affaire Fulcanelli* serait ainsi en possession de documents inédits signés Fulcanelli, dont nous ne pouvons qu'espérer la diffusion, le moment venu.

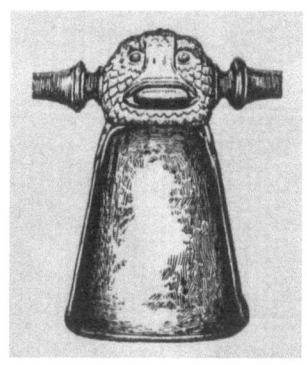

Deuxième partie : le puzzle Finis Gloriae Mundi

Chapitre 5

Inventaire

En 1923, Eugène Canseliet reçoit trois paquets *scellés à la cire* avec les titres des trois œuvres de Fulcanelli. Le disciple, chargé d'achever la rédaction de ces notes, écrira (in *Trois Anciens Traités d'Alchimie*) que le manuscrit du *Finis Gloriae Mundi*, jamais ouvert, lui fut retiré par Fulcanelli en 1929, ajoutant dans *Le Feu du Soleil* : « C'est seulement dans Finis gloriae mundi que quelques notes ont été vraiment rédigées et se trouvent en dehors du paquet des autres notes, je ne sais pas pourquoi. J'ai utilisé ces textes, puisqu'ils étaient en dehors, afin de donner une idée de ce qu'aurait pu être ce troisième livre. Ce qu'il aurait été exactement, je n'en sais rien. Mais Fulcanelli m'a réclamé le paquet et me l'a retiré. Sans doute y avait-il là des choses très graves. N'oubliez pas qu'à cette époque, il possédait la pierre. »

Deux chapitres extraits du *Finis* parurent, insérés à la fin de la deuxième édition des œuvres : *Le Mystère des Cathédrales* (édition Omnium 1957), complété par « La Croix cyclique d'Hendaye » ; *Les Demeures Philosophales* (édition Omnium 1960), se terminant avec le chapitre intitulé « Paradoxe du Progrès Illimité des Sciences ». Ces extraits du *Finis* furent illustrés par six planches de Julien Champagne, trois dans le *Mystère* (La croix cyclique 1 et 2, Arles : tympan), trois dans les *Demeures* (Instruments de la Passion à Figeac, Le chevalier de l'apocalypse à Melle, l'obélisque de Dammartin-sous-Tigeaux).

*Arles : tympan du porche de l'église Saint-Trophime.
Publié dans la seconde édition du Mystère des Cathédrales,
ce dessin de Julien Champagne était initialement prévu
pour illustrer le Finis Gloriae Mundi. Il en est de même de la
planche ci-dessous, parue dans la revue Atlantis. Elle
représente le tombeau de Constantin II, à Arles également.
Rappelons que cette ville est le point de départ de l'un des
quatre chemins traditionnels de
Saint-Jacques-de-Compostelle.*

*Figeac : instruments et symboles de la Passion.
Ce dessin de Julien Champagne était initialement prévu pour illustrer le Finis Gloriae Mundi.*

Quelques dessins de Julien Champagne et diverses illustrations complètent cette liste :

Un détail du tombeau de Constantin II à Arles, signé Champagne et publié dans la revue Atlantis en 1982.

Une gravure représentant l'alchimiste Nicolas Flamel (Moncornet XVIIe siècle), une sphère armillaire (gravure XVIIIe siècle), un dessin du début du XXe siècle illustrant un détail de la cathédrale de Dol, en Bretagne ; élément capital sur lequel nous reviendrons. Ces trois visuels, ici publiés grâce à l'aimable autorisation d'Alejandro Cabalo, sont inédits. Ils furent « recueillis » par Jules Boucher au domicile de Julien Champagne, à la mort de l'illustrateur.

Devait figurer en frontispice du livre, le tableau éponyme, *Finis Gloriae Mundi* de Juan de Valdés Leal (peintre du XVIIe siècle), œuvre exposée à l'hôpital de la Charité, à Séville.

Enfin, cet inventaire fut complété en 1988 par un proche de Canseliet, Jean Laplace, qui publia dans la revue *La Tourbe des Philosophes,* la liste et le synopsis qui suivent, et révélera les conditions de sa trouvaille dans son *Index Général de l'œuvre d'Eugène Canseliet*. En 1982, à la mort du maître, Jean Laplace se trouve à Savignies en compagnie d'Isabelle Canseliet, fille du défunt. Il découvre une chemise de cartonnage contenant les éléments suivants, qu'il note soigneusement :

Une lettre autographe et signée Fulcanelli, à une dame non nommée./ La lettre publiée en préface du Mystère des cathédrales, envoyée au Maître de Fulcanelli./ Une page répertoriée D_3 à l'encre violette, écrite de la main de Fulcanelli et titrée Le labarum de Constantin./ Deux pages liées par une agrafe de laiton, copie de la main de Fulcanelli d'une citation au sujet du polyptique de Grünewald./ Deux pages liées, copie de la main de Fulcanelli (comme toutes les autres) d'un article intitulé L'art et la médecine au musée de Colmar./ Une page autre citation du même./ Une feuille jaunie intitulée Base de la multiplication avec deux citations du Philalèthe./ Une page intitulée Confrérie des Antonites avec une citation./ Une photo représentant la partie centrale du polyptique de Grünewald (Christ)./ Idem, la tentation de saint Antoine./ Une facture à E. Canseliet du 3.XII.1930 pour ces deux photos. Doit : 33,50 F./ Une feuille imprimée intitulée El venerable Siervo de Dios Don Miguel Mañara y Vicentelo de Leca./ Une inscription relevée sous le porche et au-dessous de la porte d'entrée de l'Hospice de la Sainte-Charité à Séville./ Une carte postale représentant l'église d'Hendaye./ Une photo du piédestal de la croix cyclique d'Hendaye (lune-soleil)./ Une photo du tableau In ictu oculi de Valdés Leal./ Idem Finis Gloriae Mundi du même./ Quatre photos de la croix cyclique d'Hendaye (2 floues : la croix du haut et le soleil de face - 2 nettes : Lune et Soleil. Soleil et 4A)./ Une permission n°9412 pour visite extraordinaire de la chapelle de la Santa Caridad à Séville./ Un billet de transport n° 039848, autobus de Séville./ Une carte postale représentant le tableau F.G.M. de Valdés Léal./ Un extrait du journal Arts./ Une grande photo du F.G.M. de Valdès Léal, numérotée en bas 16975. Au dos : indications de Fulcanelli à Julien

Champagne pour le frontispice de son troisième ouvrage./ Un plan de l'obélisque de Dammartin vu de dessus./ Une photographie, sigillée D4 à l'encre violette, représentant une croix de pierre avec cinq boules./ Une page et demie et une languette attachées, intitulées Feu./ Une page synopsis intitulée Finis Gloriae Mundi./ Une page intitulée Larousse./ Un faire-part pour la mort de Julien Champagne inhumé le 29 août à 9 h 15.

Synopsis « FINIS GLORIAE MUNDI »

I. La décadence de notre civilisation et la déchéance des sociétés humaines

Incrédulité religieuse et crédulité mystique. Effets néfastes de l'enseignement officiel. Abus des plaisirs par la crainte de l'avenir. Fétichisme à notre époque. Symboles plus puissants qu'autrefois dans la conception matérialiste. Incertitude du lendemain. Méfiance et défiance généralisées. La mode et ses caprices révélateurs. Les initiés inconnus gouvernent seuls. Le Mystère pèse sur les consciences.

II. Témoignages terrestres de la fin du monde

Les quatre Âges. Les cycles successifs scellés dans les couches géologiques. Fossiles. Flore et faune disparues. Squelettes humains. L'Asiatide. Monuments de l'humanité dite préhistorique. Cromlechs. Chandelier des trois croix.

III. Les causes cosmiques du bouleversement

Le système de Ptolémée. L'Almageste. Erreur du système de Copemic démontrée par l'étoile polaire. Précession des équinoxes. Inclinaison de l'écliptique. Variations inexplicables du pôle magnétique. Ascension solaire au zénith du pôle et retour en sens contraire provoquant le renversement de l'axe, le déluge et la fusion à la surface du globe. *Jean Laplace, La Tourbe des Philosophes, n°31, 4e trimestre 1988.*

Les notes rédigées

Examinons à présent les chapitres existants du *Finis*, publiés par Eugène Canseliet.

La Croix cyclique d'Hendaye est un texte court, d'une seule pièce, inséré à la fin du Mystère des Cathédrales depuis 1957 (sauf fac-similé de l'édition originale 1926, évidemment).

Fulcanelli nous donne une brève description de la Croix : « Une humble croix de pierre, aussi simple que curieuse, se dissimule sous les masses vertes du parvis. Elle ornait autrefois le cimetière communal, et c'est seulement en 1842 qu'on la transporta près de l'église, à la place qu'elle occupe aujourd'hui. Telle est, du moins, l'assurance que nous en donna un vieillard basque, lequel avait rempli, durant de longues années, les fonctions de sacristain. Quant à l'origine de cette croix, elle est inconnue et il nous fut impossible d'obtenir le moindre renseignement sur l'époque de son érection. Toutefois, en prenant pour base de supputation la forme du soubassement et celle de la colonne, nous pensons qu'elle ne saurait être antérieure à la fin du XVIIe siècle ou au commencement du XVIIIe. »

Fulcanelli relève tout d'abord l'inscription figurant au sommet de la croix et surmontée d'un « X » : « O Crux Ave Spes Unica » - qui peut se traduire par « Salut, ô Croix, notre unique espérance » - et note l'étrange césure des mots, sur deux lignes.

La croix cyclique d'Hendaye : ce dessin de Julien Champagne était initialement prévu pour illustrer le Finis Gloriae Mundi. Le Mystère des Cathédrales, seconde édition, Omnium 1957.

X

OCRUXAVES

PESUNICA

Cette disposition particulière place le X de la phrase au centre de la première ligne et sous la lettre X figurant sur la partie supérieure de la croix (voir photo). Le nombre XX est-il codé ici ? Nous y reviendrons à propos des conjonctions Jupiter-Saturne, qui se produisent tous les 20 ans. La croix est dite *cyclique… C'est sciemment et volontairement*, écrit Fulcanelli, *que l'auteur disposa ainsi l'épigraphe de son œuvre troublante.*

Il ajoute : *La lettre S qui emprunte la forme sinueuse du serpent, correspond au khi (X) de la langue grecque et en prend la signification ésotérique. C'est la trace hélicoïdale du soleil parvenu au zénith de sa courbe à travers l'espace, lors de la catastrophe cyclique. C'est une image théorique de la bête de l'Apocalypse, du dragon qui vomit, aux jours du Jugement, le feu et le soufre sur la création macrocosmique.* On retrouvera la *trace hélicoïdale du soleil* dans un autre extrait du *Finis*, à propos de l'obélisque de Dammartin.

L'adepte cite alors Grasset d'Orcet, que l'architecte Duthoit, élève de Viollet-le-Duc et coordinateur du chantier d'Abbadia à Hendaye, suivit un temps à Chypre. Albert de Lapparent et son ami Antoine d'Abbadie apparaissent ici comme les deux concepteurs du texte.

La *langue des oiseaux* de Grasset permet de traduire ainsi la phrase latine : *il est écrit que la vie se réfugie en un seul espace*. Phrase d'apocalypse, là encore. Suit la signification ésotérique de INRI, gravé sur l'autre face de la croix : au-delà de son acception habituelle (Jésus de Nazareth, Roi des Juifs), *Igne Natura Renovatur Integra* : la nature est régénérée par le feu. Ainsi, notre hémisphère (nord) sera bientôt éprouvé.

Enfin, Fulcanelli s'attache à décrire les quatre faces du piédestal, dont on trouvera ici une reproduction : le soleil, la lune, l'étoile et les quatre A. Ce sont les quatre phases de la grande période cyclique, l'âge d'or, l'âge d'argent, l'âge d'airain et l'âge de fer, dans lequel nous nous trouvons – âge de fer du *sablier vide*, figure du *temps révolu,* signe annonciateur d'un nouvel **âge d'or**.

Hendaye : la Croix Cyclique. Les quatre âges.

Le ***Paradoxe du progrès illimité des sciences***, publié en 1960 à la fin des *Demeures Philosophales* (seconde édition), était initialement destiné au *Finis Gloriae Mundi*. Il comporte cinq parties intitulées :

Le règne de l'homme
Le déluge
L'Atlantide
L'embrasement
L'âge d'or

D'entrée de jeu, Fulcanelli pose la question des avancées scientifiques, écrivant :

A tous les philosophes, aux gens instruits quels qu'ils soient, aux savants spécialisés comme aux simples observateurs, nous nous permettons de poser cette question :

« Avez-vous réfléchi aux conséquences fatales qui résulteront d'un progrès illimité ? »

L'adepte passe en revue les progrès scientifiques qui, paradoxalement, font reculer le bien-être des hommes et entraînent la corruption des sociétés, dénonce la surconsommation et l'agitation perpétuelle qui minent le quotidien de nombre d'entre nous. Simultanément, comme le mentionne le synopsis découvert par Jean Laplace et reproduit ci-avant, *Les initiés inconnus gouvernent seuls (La décadence de notre civilisation)*. Voici, en 1923, une « théorie du complot » énoncée avant l'heure, clairement assumée... et fondée.

Le règne de l'homme est celui, d'une durée de douze siècles, qui suit le règne de Dieu dans le processus cyclique de 24 siècles ; cycle figuré, nous explique Fulcanelli à propos de Figeac, par la quadruple apparition du X grec (le khi) dont la valeur numérique est 600.

L'histoire des hommes connaît ainsi des phases analogues tous les 2400 ans.

Le déluge est une réalité, dont la tradition est attestée par tous les peuples. Fulcanelli suggère qu'il fut lié aux *catastrophes périodiques provoquées par le renversement des pôles*. L'arche de Noé fut une *zone privilégiée* : « *L'arche salvatrice nous semble représenter le lieu géographique où se rassemblent les élus à l'approche de la grande perturbation, plutôt qu'une nef fabriquée de main d'homme. De par sa forme, l'arche se révèle déjà comme une figure cyclique et non comme un vaisseau véritable.* »

Un matériau légendaire est mis à contribution : « *Rappelons également que l'île de Jersey se trouvait encore soudée au Cotentin en 709, année où les eaux de la Manche envahirent la vaste forêt qui s'étendait jusqu'à Ouessant et servait d'abri à de nombreux villages.* » Fulcanelli fait ici allusion à la forêt de Scissy, aujourd'hui noyée dans la baie du Mont-Saint-Michel. La cathédrale de Dol-de-Bretagne (voir le visuel inédit que nous présentons) et les marais du Mont-Dol en bordent le littoral. Habitant cette région, nous avons trouvé sur les grèves des morceaux de chênes fossilisés, qu'on nomme les *coërons*. Ils sont ici nombreux. La datation au carbone 14 leur donne quelques millénaires, et l'an 709 fut sans doute, à l'occasion d'une forte marée, le dernier assaut de l'océan dans cette zone qui compte des villages engloutis. Ces considérations rappellent le travail scientifique d'Albert de Lapparent, géologue.

Signalons aussi que le premier voyage d'Antoine d'Abbadie lui fait découvrir la Bretagne, qu'il parcourt en 1835 avant de se rendre en Angleterre, en Irlande et en Écosse. Amoureux de Chateaubriand, il visite Combourg et Dol, sur les pas de l'enfance du grand écrivain breton dont il admire l'œuvre : l'auteur du *Génie du Christianisme* inspirera l'action d'Abbadie en Éthiopie. Le géographe choisira de mourir rue du Bac, à Paris, dans la maison où François René de Chateaubriand s'éteignit, un demi-siècle avant lui ; hommage ultime à celui qu'il vénérait[18].

L'Atlantide était l'une des passions d'Abbadie, qui considérait les basques comme descendants de ce peuple mythique. Platon, le premier, évoque le continent disparu. En 1923, quand le manuscrit du Finis Gloriae Mundi est remis à Eugène Canseliet, le thème est à la mode, y compris dans les milieux scientifiques. Ainsi, l'abbé Moreux, directeur de l'observatoire de Bourges (la ville natale d'Albert de Lapparent) et ami de l'astronome Camille Flammarion, fait paraître son livre « *l'Atlantide a-t-elle existé ?* », allant jusqu'à suggérer la carte que nous reproduisons ici.

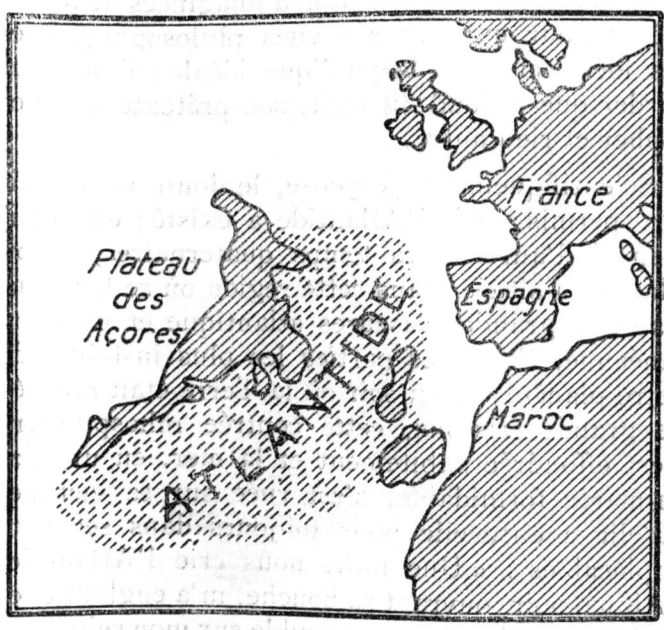

Fulcanelli pose la question dans les mêmes termes exactement : « *Cette île mystérieuse dont Platon nous a laissé l'énigmatique description, a-t-elle existé ? Question*

difficile à résoudre, vu la faiblesse des moyens que possède la science pour pénétrer le secret des abysses. »

L'adepte opte cependant assez vite pour la réalité du continent englouti, signalant la présence, dans les fonds marins de l'Atlantique, de fragments de laves dont la structure prouve qu'elle a cristallisé à l'air. Il ajoute : « *L'Atlantide dut subir le sort commun, et la catastrophe qui la submergea relève, évidemment, d'une cause identique à celle qui ensevelit, quarante-huit siècles plus tard, sous une profonde nappe d'eau, l'Egypte, le Sahara et les contrées de l'Afrique septentrionale* ». On relève ici la durée qui espace ces deux déluges : quarante-huit siècles, soit deux fois le cycle de 2400 ans vu précédemment.

En ce qui concerne l'Egypte, les marques sont encore là : « *la disparition du revêtement extérieur des pyramides et, en général, celle des joints de pierres (colosses de Memnon, jadis chantants) ; les traces évidentes de corrosion par les eaux qu'on remarque sur le sphinx de Gyseh, ainsi que sur quantité d'autres œuvres de la statuaire égyptienne, n'ont pas d'autre origine* ». Albert de Lapparent pouvait tenir ces observations de Ferdinand de Lesseps, père du canal de Suez. Mais ces remarques figurent aussi dans les carnets de voyage d'Antoine d'Abbadie, qui rejoindra son frère au Caire en 1837, avant l'exploration de l'Éthiopie.

L'embrasement est la dernière étape avant l'âge d'or. Une étape apocalyptique au sens propre : le feu révèle et purifie. « *L'histoire cyclique* », écrit Fulcanelli, « *s'ouvre, au VIe chapitre de la Genèse, par le récit du Déluge ; elle s'achève, au XXe de l'Apocalypse, dans les flammes ardentes du Jugement dernier. Moïse, sauvé des eaux, écrit le premier ; saint Jean, figure sacrée de l'exaltation solaire, ferme le livre par les sceaux du feu et du soufre* ». L'adepte exprime clairement son attachement aux valeurs chrétiennes, et son respect du dogme. Tels furent Albert de Lapparent et Antoine d'Abbadie, initiateurs de cet ultime message.

L'exaltation solaire est vue plus loin, dans le chapitre, comme l'ascension de l'astre au zénith du pôle. Nous pensons qu'il faut prendre ce déplacement solaire au sens figuré, un tel scénario paraissant fort improbable au regard de nos connaissances scientifiques actuelles. Est-il purement spirituel ? Ou s'agit-il du réchauffement d'un hémisphère provoquant l'inondation partielle d'un autre ? A moins que quelque brusque cataclysme n'induise un glissement majeur de l'écorce terrestre, aux conséquences incalculables... Reste que si, comme l'écrit Fulcanelli, *chaque période de douze cents années commence et finit par une catastrophe*, celle-ci ne peut qu'être limitée géographiquement, voire vécue symboliquement : l'histoire de l'humanité nous en apporte la preuve, nos ancêtres n'ayant à ce jour jamais été confrontés à l'ascension du Soleil au zénith du pôle.

Deux planches de Julien Champagne viennent illustrer cette partie (remplacées dans l'édition Pauvert par des photographies) : le *chevalier de l'apocalypse* à Melle - probablement une figure de l'empereur Constantin - et *l'obélisque de Dammartin-sous-Tigeaux* (Seine-et-Marne), en forêt de Crécy. Fulcanelli fait du globe qui surplombe ce dernier une description apocalyptique : « *Reposant sur les vagues de la mer en furie, la sphère du monde, frappée au pôle supérieur, par le soleil dans son retournement hélicoïdal, s'embrase et projette des éclairs et des foudres. C'est là, nous l'avons dit, la figuration saisissante de l'incendie et de l'inondation immenses, également purificateurs et justiciers* ». Enfin, la présence du chêne sur la base de l'obélisque signifie que les temps sont proches de la fin d'un monde.

L'obélisque de Dammartin-sous-Tigeaux (Seine-et-Marne). Le dossier relatif au Finis Gloriae Mundi, découvert par Jean Laplace au domicile d'Eugène Canseliet, comportait un plan de l'obélisque au centre d'une étoile à six branches.

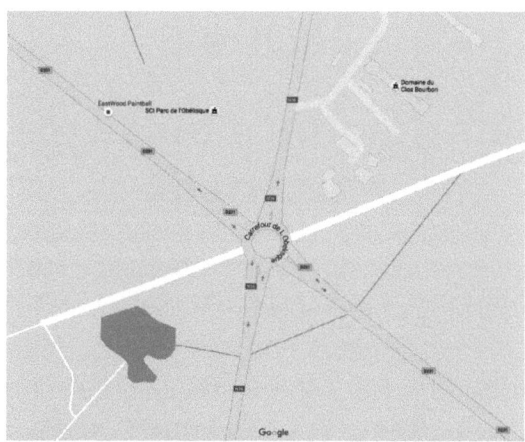
L'obélisque et l'étoile à six branches

L'âge d'or, enfin, revient après les tribulations de l'apocalypse. Il y a dans la description de cette heureuse période un caractère qui n'est pas sans rappeler les attentes « New Age » de l'ère du Verseau. « *L'homme, rénové, ignore toute religion. Il rend seulement grâces au Créateur* ». Durant l'âge d'or, solaire, l'homme admire les œuvres divines « *sous le ciel pur d'une terre rajeunie* ». Ainsi, les âges cycliques du monde correspondent aux quatre saisons, s'inscrivant dans un ensemble qui n'est autre que la **grande année** des Grecs.

---

[18] « *Notre confrère s'est éteint, le 19 mars 1897, dans cette maison de la rue du Bac où Chateaubriand était mort cinquante ans auparavant.* » Notice Historique sur Antoine d'Abbadie, membre de la section de géographie et de navigation, lue dans la séance publique annuelle du 2 décembre 1907 par M. Gaston Darboux, secrétaire perpétuel. Disponible en ligne.

Chapitre 6

Prolongements du texte de Fulcanelli

Si l'on compare le synopsis trouvé par Jean Laplace au domicile d'Eugène Canseliet et les deux chapitres publiés, on constate de nombreux points de convergence, mais aussi des manques : les cromlechs (cercles mégalithiques) par exemple, ne sont pas évoqués, non plus que la précession des équinoxes ou les variations du pôle magnétique - lesquelles ne doivent pas être confondues avec celles de l'axe de rotation de notre planète. Les travaux scientifiques de Lapparent et d'Abbadie vont nous permettre de combler, en partie, ces lacunes.

Deux voies sont à explorer pour étudier les prolongements de ces chapitres :

L'héritage d'Eugène Canseliet, ainsi que celui de la revue *Atlantis* dans laquelle il écrivit durant de nombreuses années. Revue fondée par **Paul Le Cour** dont l'œuvre est intéressante à plus d'un titre.

L'héritage de Julien Champagne, dont nous allons découvrir certains aspects inédits. Trois visuels présentés ici pour la première fois et certaines confidences furent confiés par Champagne à son ami (ou disciple) Jules Boucher, puis passèrent par les ésotéristes Robert Ambelain et Philippe Encausse (fils du célèbre occultiste Papus) avant d'intégrer la prestigieuse bibliothèque hermétique d'**Alejandro Cabalo**, qui nous confia ces éléments. Ainsi, nous commenterons largement le **portrait de Nicolas Flamel**, **la sphère armillaire** et le **petit porche sud de la**

cathédrale de Dol, en fondant notre discours sur les révélations qui nous furent transmises oralement.

L'année suivant la parution du Mystère des Cathédrales, Paul Le Cour (1871-1954) fonde la revue *Atlantis* et l'association éponyme. Nous sommes en 1927, et c'est le début d'une longue aventure, qui se poursuit encore aujourd'hui. Eugène Canseliet écrira dans *Atlantis* de très nombreux articles touchant l'alchimie, et fut un temps membre du comité de rédaction. Citons parmi les présidents de l'association, Jacques Grimault, qui révéla, le premier, l'identité réelle de Fulcanelli, ou encore l'ami de Canseliet Jacques d'Arès, qui, sans doute victime d'un canular, commit le prologue d'un faux « Finis Gloriae Mundi »[19] paru en 1999.

Paul Le Cour donnera à la revue *Atlantis* les lignes éditoriales suivantes : *archéologie scientifique et traditionnelle* ; étude de l'Atlantide et des civilisations disparues ; alchimie ; astrologie, ordres de chevalerie chrétienne. En 1937 paraît « L'ère du Verseau », dont le succès ne se démentira pas durant de longues années, et qui fera l'objet d'éditions revues et corrigées par son auteur, Paul Le Cour. Sur cet ouvrage se fonde en grande partie le mouvement *New Age*, si populaire encore de nos jours.

« L'ère du Verseau » aborde bien des thèmes présents dans le synopsis du *Finis Gloriae Mundi* : l'Atlantide et la disparition d'une civilisation en avance sur son temps ; l'apocalypse de Jean ; l'âge d'or ; la précession des équinoxes. De telles similitudes nous incitent à penser que Paul Le Cour s'inspira des révélations de Canseliet. A moins, qu'à l'inverse, le maître de Savignies ne se soit laissé aller, sous l'influence de Paul Le Cour, à la rédaction partielle d'un traité dont il ignorait beaucoup, de son propre aveu (« Ce qu'il aurait été exactement, je n'en sais rien », *Le Feu du Soleil*).

La précession des équinoxes

La précession est le changement de direction de l'axe de rotation terrestre. Un processus lent, continu, qui voit cet axe parcourir un cercle dans l'espace en 26000 ans environ, et ainsi viser différentes zones du ciel étoilé. Actuellement, cet axe vise l'étoile polaire, dans la constellation de la petite ourse. Mais il n'en a pas toujours été ainsi. Durant l'antiquité égyptienne, il y a 4800 ans, l'axe de rotation de la terre visait l'étoile alpha du dragon (Thuban). Cette étoile indiquait dans notre hémisphère la direction du pôle nord. Ainsi, notre étoile polaire actuelle va progressivement, au fil des siècles, s'éloigner du nord céleste, pour y revenir dans 26000 ans. L'astronome grec Hipparque décrit la précession des équinoxes au IIe siècle avant J.C.

Le synopsis du *Finis* montre à quel point Fulcanelli voulait expliciter *la précession*, *l'inclinaison de l'écliptique* et ses implications astronomiques. Une autre conséquence du déplacement de l'axe de rotation terrestre est le long cheminement du *point vernal*, en 26000 ans, sur la voûte céleste et ses constellations. Le lecteur en trouvera le processus détaillé dans les ouvrages d'astronomie.

Ici, notre texte devient nécessairement technique. Le lecteur pressé pourra éviter ces complications en passant au paragraphe suivant, *ce qu'il faut retenir*.

Retenons que le zodiaque des astrologues commence avec le signe du Bélier et le début du printemps (équinoxe): quand le soleil entre en Bélier, il franchit le *point vernal* ; la durée du jour est alors égale à celle de la nuit. C'est la définition immuable du zodiaque des astrologues, et des alchimistes. La nuit la plus longue est celle du solstice d'hiver, quand le soleil entre dans le signe du Capricorne, trois jours avant la nuit éminemment symbolique de Noël. Mais *signes du zodiaque* (saisonniers) et *constellations* (groupes d'étoiles) glissent lentement en raison de la précession des équinoxes. Les astrologues le savent au moins depuis Hipparque, et c'est un argument bien fallacieux que d'invoquer la précession pour dénoncer une erreur de calcul dans le zodiaque astrologique, qui fut et reste saisonnier. Reste que ce décalage, d'un degré tous les 72 ans avec un cycle de 26000 ans au total, induit des changements de constellations pour le point vernal, lequel recule (passant de la constellation du Bélier à celle des Poissons, puis du Verseau, etc.). Paul Le Cour parle *d'ères astrologiques*. A la naissance du Christ, signes et constellations éponymes étaient confondus. Le point vernal venait de traverser le Bélier et entrait en Poissons : c'est le début de l'ère chrétien *des Poissons*. Actuellement, ce point se rapproche de la constellation du Verseau. On parle alors d'une entrée progressive dans *l'ère du Verseau*. Nous y voilà, enfin, et que le lecteur veuille bien nous pardonner cet exposé technique.

Ce qu'il faut retenir : les *ères astrologiques*, dont parle Paul Le Cour, ont une durée moyenne de 2160 ans. Le point vernal traverse les douze constellations en 26000 ans, cycle de la précession. Vers 4300 ans avant J.C., l'humanité est entrée dans l'ère du Taureau. Cet animal est alors un symbole religieux dominant. En 2160 avant J.C. commence l'ère du Bélier, tandis que le christianisme coïncide avec l'ère des Poissons (symbole de rattachement des premiers chrétiens). Vers 2160 - date que précise Paul Le Cour -, nous entrerons dans l'ère du Verseau, dont nous ressentons, peut-être, les prémices.

Nous découvrirons plus loin sur quel phénomène astronomique se fonde le cycle fulcanellien de 2400 ans, et comment le relier à cette grande année de la précession.

A propos des visuels transmis par Jules Boucher

Notre seconde source d'informations sur le *Finis Gloriae Mundi*, nous l'avons dit, réside dans la transmission orale d'un savoir passant par Jules Boucher et Philippe Encausse, fils de l'occultiste Papus. En voici le cheminement.

Les trois visuels inédits de ce livre proviennent de la collection privée d'Alejandro Cabalo, pseudonyme d'un alchimiste catalan qui, s'il réside le plus souvent à Barcelone, possède à Paris une splendide bibliothèque hermétique. J'ai fait sa connaissance dans les années 1980, Alejandro m'ayant été présenté par mon oncle Pierre Ebrard, dont j'ai déjà parlé au début de ce livre. L'alchimiste a également connu Hippolyte Ebrard, qui vit Fulcanelli à Marseille en 1915, et Philippe Encausse, qu'il côtoyait dans les années 1950 à son domicile boulevard du Montparnasse, à Paris, dans le XVe arrondissement. C'est là qu'il obtint les révélations que nous diffusons, ainsi que les trois gravures.

LE MYSTÈRE DES CATHÉDRALES

Envoi d'Eugène Canseliet à Philippe Encausse, à l'occasion de la sortie du Mystère des Cathédrales, *seconde édition chez Omnium :*

« Au docteur Philippe Encausse, en témoignage de cordiale sympathie, j'offre cet ouvrage, avec d'autant plus de plaisir qu'il entrera dans la bibliothèque de Papus, de laquelle je n'imagine pas sans émerveillement l'abondante richesse.

Avenue des Champs-Élysées, ce 12 juin 1958 ».

Eugène Canseliet

Eugène Canseliet et Philippe Encausse furent en contact en 1958, comme l'atteste cet envoi du maître de Savignies au fils de Papus, à qui il fait parvenir la nouvelle édition du Mystère des Cathédrales. Sur ce livre, l'ex-libris de Philippe Encausse dévoile des thèmes qui ne sont pas sans évoquer ceux du Finis Gloriae Mundi : le sphinx, les pyramides d'Égypte, les triangles croisés du feu et de l'eau ; le sable du désert est représenté par des lignes horizontales, l'azur héraldique, figure de l'eau. Le ciel étoilé montre deux fois la Grande Ourse, l'une inversée, image d'un basculement des pôles. L'ensemble est inscrit dans le serpent qui se mord la queue, l'Ouroboros, signe du grand cycle accompli.

Franc-maçon de haut rang, le Dr Philippe Encausse fut, à la suite de son père Gérard Encausse (alias Papus), Grand Maître de l'ordre martiniste, dont une branche était dirigée par l'écrivain ésotérique Robert Ambelain. Auteur prolifique, Ambelain signa notamment « *Dans l'Ombre des Cathédrales* », dédié à Fulcanelli, et « *L'Alchimie Spirituelle* ». Il fut proche d'une personnalité sulfureuse,

Jules Boucher, auteur d'un *Traité de Magie Pratique* dédié lui aussi « à la mémoire de Fulcanelli, mon maître et ami ». D'un naturel farceur, Julien Champagne, l'illustrateur, se faisait volontiers passer pour l'adepte Fulcanelli, abusant différentes personnes dont Jules Boucher. Moins futiles furent les réunions du Grand Lunaire, secte d'inspiration luciférienne à laquelle participèrent Julien Champagne et divers occultistes dont Gaston Sauvage et Jules Boucher. Une *assez fâcheuse collaboration*, pour reprendre les termes de Canseliet, qui priva Champagne du soutien puissant de Fulcanelli. En 1932, à la mort de l'illustrateur, Jules Boucher emprunta chez son ami un certain nombre de documents, dont les trois gravures de notre *Finis Gloriae Mundi*.

Ainsi, les révélations qui suivent passèrent de Fulcanelli à Champagne, de Champagne à Jules Boucher, puis Robert Ambelain, Philippe Encausse et enfin, Alejandro Cabalo que nous remercions vivement pour son autorisation de publier.

[19] *Fulcanelli, Finis Gloriae Mundi*. Prologue de Jacques d'Arès. Ce livre est aujourd'hui disponible en langue espagnole, aux éditions Obelisco, 2002. L'auteur commente l'explosion de la bombe A sur Hiroshima en 1945 (page 36 de l'édition en espagnol) : autant dire que ce texte a fort peu de chances d'être celui que confia l'adepte à Canseliet, en 1923.

Chapitre 7

Le temps du Finis Gloriae Mundi

Nous avons relevé dans les chapitres publiés du *Finis* plusieurs mentions d'un cycle de vingt-quatre siècles, ou 2400 ans. A l'évidence, ce temps n'est pas celui d'une ère astrologique, dont la durée de 2160 ans est à l'origine de la grande année platonicienne (12 fois 2160 font 25920 ans).

Le cycle de 2400 ans est celui des conjonctions Jupiter-Saturne, les deux planètes traditionnelles les plus lentes (Uranus, Neptune et Pluton ne furent découvertes respectivement qu'aux XVIIIe, XIXe et XXe siècles). L'astronome-astrologue Johannes Kepler, père de l'astronomie moderne, écrira à la fin du XVIe siècle de très belles pages sur ce cycle. 19 juillet 1595 : Kepler a l'illumination ! Il s'en expliquera l'année suivante dans son premier ouvrage, Mysterium Cosmographicum (le secret du monde). Les conjonctions Jupiter-Saturne se produisent tous les vingt ans environ, chaque point de conjonction étant approximativement au trigone (120°) du précédent. Gérard Simon, auteur de l'excellente somme « *Kepler, astronome, astrologue* », relate ainsi le déclic de Kepler : « *Un événement fortuit le dirige enfin vers sa voie définitive. Il explique un jour à ses auditeurs en quoi consiste la Grande Conjonction : il trace donc devant eux la série successive des conjonctions de Jupiter et de Saturne, qui ont aux yeux des astrologues une importance capitale. Il se rend compte en regardant la figure que les triangles approximativement équilatéraux qu'il a dessinés déterminent un cercle inscrit; alors se produit en lui le déclic grâce auquel se cristallise une intuition …/…* »[20]

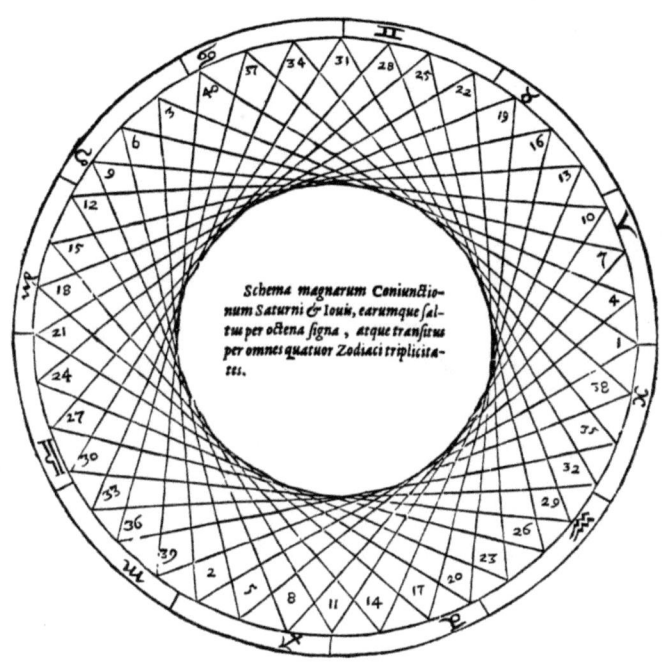

Kepler, Mysterium Cosmographicum
Les conjonctions Jupiter-Saturne

A 60 ans d'intervalle (trois répétitions du cycle), la conjonction de Jupiter et Saturne a lieu sensiblement au même point du zodiaque. Pas tout à fait au même point cependant : à chaque occurrence, la conjonction avance de 9° dans le sens du zodiaque. De sorte que la révolution complète de ce point a pour durée 2400 ans (40 fois 9° = 360°). Le schéma suivant résume ce cycle. La conjonction Jupiter-Saturne, considérée tous les 60 ans, se produit dans le même signe du zodiaque durant deux siècles.

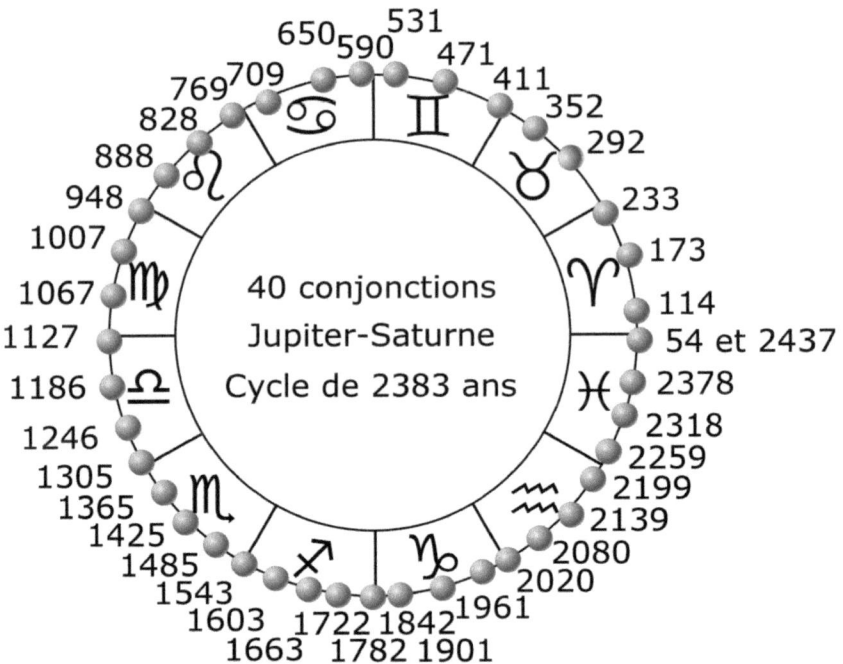

Cette figure nous donne la clef du calendrier de Fulcanelli, car elle nous permet d'en dater précisément les échéances.

La conjonction Jupiter-Saturne a lieu, à la naissance du Christ – ou peu avant -, dans le signe des Poissons, tandis qu'à partir de 2020[21] et jusqu'en 2199, elle se produira en Verseau. Nous entrons ainsi lentement dans l'ère du Verseau, qui débute en 2160 et prend le relais de l'ère des Poissons.

Jupiter-Saturne et la naissance du Christ

Le Christ n'est pas né en l'an 1 de notre ère, et l'on sait qu'il y eut une erreur de comptabilisation lors de l'établissement de notre calendrier. Contemporain de la naissance du sauveur, Hérode Le Grand meurt en l'an 4 avant l'ère chrétienne. L'historien et biographe Jean-Christian Petitfils, auteur d'un essai de référence dont le titre est « Jésus » (Fayard 2011), situe la naissance du Christ en l'an 7 avant notre ère (l'an -6 des astronomes, l'année 0 n'existant pas pour l'historien). L'auteur suggère que l'étoile des mages fut la conjonction Jupiter-Saturne, exacte cette année-là à trois reprises (comme toujours, la conjonction est triple) : « *Dans le ciel, du 5 au 15 décembre, se produisit la troisième conjonction dans la même constellation des Poissons. Elle était plus parfaite que les précédentes. L'étoile nouvelle étincelait dans le crépuscule en direction du sud. Descendant par la route de Jérusalem, les mages avaient l'étoile devant eux, qui semblait les guider vers Bethleem...* ».

Déjà, en 1988, nous écrivions dans le magazine *Astrologie Pratique* :

Chaque ère astrologique (périodes de 2160 ans environ) transforme la représentation de Dieu. Il y a deux mille ans commençait l'ère des Poissons, symbole du Christ, du pêcheur d'hommes (chez les rabbins, Dag signifie poisson et Messie). Naissance d'un Messie, naissance d'un monde nouveau... De récentes découvertes confirment un point capital de l'histoire du Christ : Jésus est probablement né en l'an -6 [l'an 7 avant l'ère chrétienne]. Le décalage de notre calendrier serait dû à une erreur de calcul au sixième siècle. Quoiqu'il en soit, une conjonction planétaire semble annoncer l'avènement de l'ère chrétienne en l'an -6 : Soleil, Lune, Vénus, Jupiter, Saturne, Uranus conjoints dans le signe des Poissons, au trigone de Neptune (planète maîtresse des Poissons), et à l'opposition de Mars et Pluton (carte du ciel du 28 février de l'an -6). Kepler, le grand astronome-astrologue, souligne le premier l'importance de cette conjonction : « C'est un fait que toutes les planètes, au moment de l'incarnation, étaient en conjonction dans le signe des Poissons ».[22]

Le Calendrier de Fulcanelli

Ainsi, le cycle Jupiter-Saturne nous permet de clarifier le calendrier décrit par Fulcanelli : échéance majeure, la naissance du Christ correspond à l'entrée dans l'ère des Poissons. C'est ce qu'affirme aussi Paul Le Cour.

L'an 1 de notre ère est symboliquement le premier degré des Poissons. Chaque signe correspond ensuite à deux siècles d'histoire (Bélier de l'an 200 à 400, etc.), la boucle du zodiaque s'effectuant en 2400 ans. D'ailleurs, pour Fulcanelli, le déluge a duré deux siècles (*Paradoxe du progrès illimité des sciences*). Le schéma ci-contre résume l'ensemble (âges d'or, d'argent, d'airain et de fer).

♈ Bélier	♎ Balance
♉ Taureau	♏ Scorpion
♊ Gémeaux	♐ Sagittaire
♋ Cancer	♑ Capricorne
♌ Lion	♒ Verseau
♍ Vierge	♓ Poissons

Lexique
L'astrologie est la sœur de l'alchimie, et rien ne se fait sans la prise en compte du zodiaque.

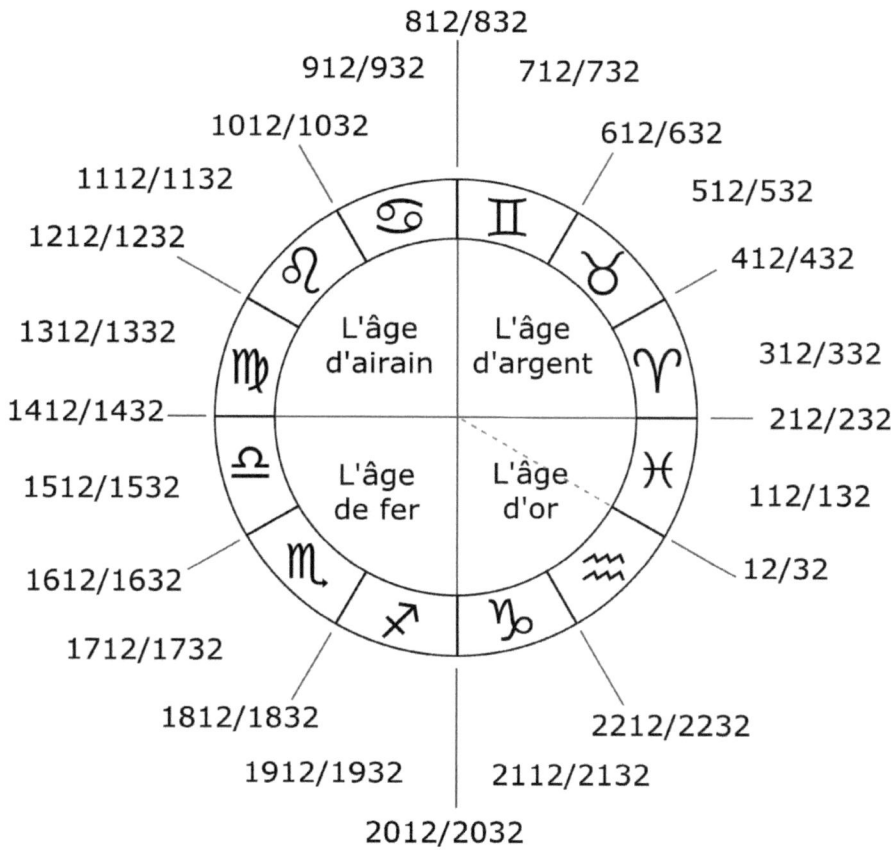

Quelques clés d'interprétation

Symboliquement, l'âge d'or commence à Noël, trois jours après le solstice d'hiver. Nous avons là les premiers degrés du Capricorne, qui marquent le nouveau soleil, la croissance du jour après la nuit la plus longue. 400 ans avant J.C., au siècle de Platon, une lumière encore diffuse se propage dans le cœur des hommes. Elle ne deviendra visible qu'aux deux-tiers de l'hiver, à la naissance du Christ, figurée par le signe des Poissons.

Les siècles suivants (âge d'argent de l'an 200 à 800) verront se développer l'expansion du Christianisme (l'empereur Constantin, Clovis en France), puis de l'Islam dont la Lune (métal : argent) est le symbole. La passion du Christ, en l'an 33, précède de 600 ans (un quart de cycle) la mort du prophète Mahomet en 632. Avec le couronnement de Charlemagne, empereur à Noël de l'an 800, prend fin l'âge d'argent.

De 800 à 1400, l'âge d'airain sera celui des croisades, de l'affrontement entre le christianisme solaire (âge d'or) et le monde islamique (âge d'argent). Celui aussi des persécutions religieuses, dont cathares et templiers feront la douloureuse expérience. Le signe de la Vierge a le triste privilège, opposé aux Poissons, de voir se déclencher la croisade contre les Albigeois (en 1212) ou un siècle plus tard la fin de l'ordre du temple (dissolution en 1312).

En 1400 commence l'âge de fer, le plus sombre. Le XVe siècle est celui de la guerre de cent ans, la chute de Constantinople, le grand schisme. Puis ce sont les guerres napoléoniennes (la Bérézina en 1812), et les grandes déflagrations mondiales du XXe siècle.

Les révolutions devaient servir les peuples ; elles les asservissent. Fulcanelli insiste sur le lent processus d'involution des sociétés. Sans doute le climat mondial de son époque explique-t-il le pessimisme du *Finis*. Quand le manuscrit est retiré, en 1929, un certain Otto Rahn cherche le Graal pour le compte des nazis, à la Closerie des Lilas (Paris). Là se réunissent les ésotéristes de l'époque, dont le poète occitan Maurice Magre, qui envoie Otto Rahn à Montségur, et Julien Champagne... qui heureusement se garde bien, une fois n'est pas coutume, de lui révéler ce qu'il sait du *Finis Gloriae Mundi*.

Ces quelques clés temporelles, astrologiques, méritent un développement qui sortirait du cadre de ce livre. En particulier, les ères précédentes répondent très bien au symbolisme zodiacal. Chaque âge de l'humanité à son prophète, tous les 600 ans : en 1800 avant notre ère, Abraham, le père des trois religions révélées (âge d'argent) ; en 1200, âge d'airain, Moïse et le peuple d'Israël. En 600 avant J.C., les prophètes de l'âge de fer sont sans Dieu : Lao Tseu, Bouddha et Pythagore, enseignent que l'homme doit se sauver seul. Puis vient le Christ, durant l'âge d'or ; et 600 ans plus tard exactement, Mahomet révèle l'Islam (âge d'argent). Les persécutions religieuses du XIIIe siècle mirent-elles fin à l'éclosion des prophètes (ou prophétesses) ?

Chaque début de siècle est critique, en particulier les années xx12 à xx32. Est-ce le sens des XX ans suggérés par la croix cyclique d'Hendaye et le doublement du X, également significatif du cycle Jupiter-Saturne ?

L'âge de fer prendra fin après une période tendue, sans doute, de 2012 à 2032. Il nous faut traverser les premiers degrés du Capricorne, ouvrir ce que la tradition nomme la « Porte des Dieux ».

Un nouvel âge d'or nous est promis, dont les conjonctions en Verseau vont rythmer le développement. Nous entrons dans l'ère du Verseau, bientôt. En 2160.

Les templiers à Chinon

Nous avons trouvé dans ses *Deux Logis Alchimiques* (1945) la preuve qu'Eugène Canseliet connaissait, comme les templiers avant lui, ce calendrier.

Au matin du vendredi 13 octobre 1307, tous les templiers de France sont arrêtés sous ordre du roi de France Philippe le Bel. L'année suivante, lors de leur transfert vers Poitiers pour y être jugés, un groupe de templiers, dont le Grand

Maître de l'ordre, Jacques de Molay (brûlé vif en 1314), fut enfermé dans la prison de Chinon. Le temps des Templiers avait duré deux siècles, la fondation de l'ordre s'opérant en 1120 lors du concile de Naplouse.

En avril 1926, année de la publication du *Mystère des Cathédrales*, Paul Le Cour signe une double page dans la célèbre revue *L'illustration*. L'auteur de « L'ère du Verseau » et fondateur d'Atlantis en 1927, ami de Canseliet, y présente les graffiti templiers du donjon de Chinon. Sur les murs de leur cachot, les moines-soldats gravèrent au stylet d'énigmatiques figures, dont Paul Le Cour publie les photographies. L'une d'elles fut dessinée par Eugène Canseliet en 1937, qui inséra la planche dans son livre *Deux Logis Alchimiques*[23]. Nous la présentons telle qu'elle apparaît dans la revue *L'illustration* en 1926.

Les graffiti templiers
L'illustration n°4335, 3 avril 1926

L'illustration n°4335

Paul Le Cour commente cette figure de manière laconique : « *Une série de lettres archaïques, A B C D E ; plusieurs B (lettre importante en Kabale) ; un cercle divisé en huit segments avec cercle central ; le signe astrologique de la terre* » (L'illustration).

Beaucoup plus intéressante est l'étude d'Eugène Canseliet, dans la droite ligne du *Finis Gloriae Mundi* (un texte rédigé avant la seconde guerre mondiale et qui paraîtra en 1945) : « *Un cercle se distingue nettement, dont la partie droite, seulement amorcée, fut à dessein biffée de traits verticaux. En effet, l'âge d'or et l'âge d'argent étaient révolus, sur les quatre occupant le cercle en entier.* » Effectivement, comme le montre notre calendrier de l'ère des Poissons, sont révolus l'âge d'or et l'âge d'argent qui prend fin en l'an 800 (partie droite du cercle). Canseliet poursuit : « *Tel un gnomon sur le cadran cosmique, un rayon partant d'un cercle plus petit qui se situe au centre du tracé et qu'un S nous dit être le soleil, sépare en deux tranches égales le secteur supérieur englobant l'âge d'airain. Chaque moitié figure ainsi, l'une, les 300 années écoulées, l'autre, les 300 à parcourir, et sont chargées d'un B, lequel avait, chez les Latins, la même valeur numérale* ». La ligne à 45°, qui sépare les deux B de l'âge d'airain, pointe sur le milieu de cet âge, c'est-à-dire 800+300=1100. Ou, plus précisément en référence au calendrier que nous publions, les années 1112 à 1132. Or, c'est durant ce laps de temps de 20 ans que se constitue l'ordre du Temple : Hugues de Payns, fondateur et premier maître, se rend en 1114 an Terre Sainte. Il établit la *milice des Pauvres Chevaliers du Christ et du Temple de Salomon,* en 1120, qui deviendra *l'ordre du Temple* en 1129. On voit ici la parfaite concordance des dates. Symboliquement, préside le signe du Lion, que la tradition astrologique associe au soleil.

Eugène Canseliet conclut : « *A droite du soleil, légèrement plus haut, on remarque la lune, puis la terre, en son symbole du globe surmonté de la croix, dont le destin s'arrêtera pendant un temps, à la fin de l'âge de fer compris dans le quart de cercle inférieur. Là, l'aiguille de l'initié inconnu poursuit, sur son cadran, sa marche inexorable, jusqu'à ce que, parvenue à la verticale, elle marque, dans le fracas des tempêtes, les jours de la grande tribulation. Alors les élus pourront répéter les paroles prophétiques du visionnaire de Pathmos : Et je vis un ciel nouveau et une terre nouvelle* ». L'aiguille parvient à la verticale (la fin de l'âge de fer) à l'époque où nous écrivons ce livre : les 20 ans décisifs compris entre 2012 et 2032. Après une période troublée commencera la lente remontée vers l'âge nouveau, celui du Verseau. La petite aiguille templière pointe 2200.

Notes

[20] Gérard Simon, *Kepler, Astronome, Astrologue*. Gallimard, 1979, p 275.

[21] Remarque d'ordre astrologique : une conjonction Jupiter-Saturne se produira le 21 décembre 2020, jour du solstice d'hiver, à 0° du Verseau.

[22] *Astrologie Pratique* n°15, février 1988, *Le Jour du Christ*, Christophe de Cène rédacteur en chef.

[23] Eugène Canseliet, *Deux Logis Alchimiques*, Paris, Jean Schemit 1945, page 101. Page 189 dans la seconde édition du livre, chez Pauvert en 1979.

Chapitre 8

L'espace du Finis Gloriae Mundi

Antoine d'Abbadie fut un explorateur célèbre en son temps, doublé d'un savant estimé de ses contemporains. Président de l'Académie des Sciences à la fin de sa vie, il commence tôt ses voyages d'étude.

Sa première mission scientifique lui est confiée en 1836. Antoine n'a alors que 26 ans. Gaston Darboux, dans sa *Notice historique sur Antoine d'Abbadie*[24], nous résume cette expédition :

« Arago, qui s'intéressait à Antoine, lui fit confier, en 1836, une mission au Brésil par l'Académie des Sciences. A cette époque, sous la puissante impulsion de Humboldt, d'Arago et de Gauss, on commençait à étudier d'une manière systématique les lois complexes qui président à la variation des éléments du magnétisme terrestre. Arago, qui se passionnait pour ce genre de recherches (il a fait à lui seul plus de 50000 observations magnétiques), demanda à Antoine d'Abbadie d'élucider par ses travaux une question intéressante, relative à la variation diurne de l'aiguille aimantée…/… Arago voulait savoir ce que devient le phénomène dans la région qui sépare les deux hémisphères ».

Abbadie s'embarque pour la côte atlantique du Brésil, où il recueillera, durant deux mois, 2000 mesures magnétiques, s'acquittant parfaitement de sa tâche : étudier le comportement d'une boussole aux abords - et de part et d'autre - de l'équateur. Le fleuve Amazone, qui traverse l'Amérique latine d'ouest en est, se jette dans l'Atlantique à l'équateur.

Durant la traversée à bord de la frégate *L'Andromède*, Abbadie fera la connaissance du prince, futur Napoléon III. A noter également : Arago, le commanditaire de l'expédition, a participé aux mesures du Méridien de Paris, matérialisé aujourd'hui dans la capitale par les 135 médaillons de bronze de *l'Hommage à Arago*. Sur cette ligne nord-sud, verticale sur nos cartes, se situent Amiens, Paris et Bourges, les trois villes du *Mystère des Cathédrales*, Conques sur le chemin de Saint-Jacques-de-Compostelle, Rennes-le-Château... Une géographie sacrée se dessine.

Fulcanelli, parmi les gravures qui devaient illustrer le Finis Gloriae Mundi, nous présente une sphère armillaire.

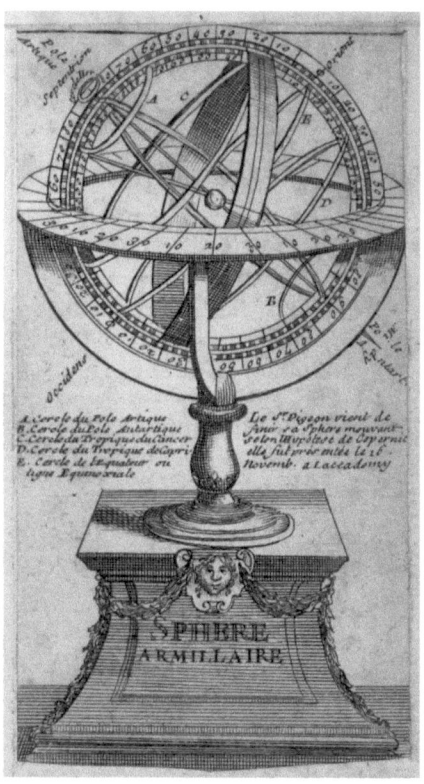

L'adepte cite cet objet à la fin du Mystère des Cathédrales, dans son commentaire de l'hôtel Lallemant à Bourges :

« *C'est une sphère armillaire, posée sur un fond ardent, et qui offre la plus grande ressemblance avec l'une des gravures du traité de l'Azoth. Ici, le brasier tient la place d'Atlas, et cette image de notre pratique, très instructive par elle-même, nous dispense de tout commentaire.* »
Le Mystère des Cathédrales, Bourges, Hôtel Lallemant

Non moins instructive est la gravure du traité de l'Azoth de Basile Valentin, dont nous parle Fulcanelli. Le magnétisme terrestre y figure avant l'heure.

La voute céleste, que porte le titan Atlas, est représentée avec la terre au centre, ainsi que le soleil et la lune sur l'écliptique, la bande zodiacale (les douze signes) qu'ils parcourent. Un autre zodiaque, terrestre celui-ci, ceinture la terre. Sur la gravure, ses lignes convergent en bas à gauche de la sphère, près du bras droit d'Atlas. Si l'on observe attentivement le globe terrestre et sa face sombre (elle relie nécessairement les pôles), on se rend compte que la ligne magnétique du zodiaque terrestre passe par l'équateur, sur lequel il nous faut chercher le point d'émergence de ces forces.

Trois amis à la Société de Géographie

Nous sommes en 1884. Antoine d'Abbadie a 74 ans et fait partie de la Société de Géographie, dans laquelle entre Fulcanelli (Albert de Lapparent), alors âgé de 45 ans. Un document (source BNF, Gallica), de la main de l'adepte, en témoigne : daté du 8 avril 1884 et sur un papier à entête de la Société de Géographie, il résume la carrière d'Albert de Lapparent.

Pages suivantes, CV autographe d'Albert de Lapparent, Fulcanelli, à l'entête de la Société de Géographie. Document BNF, Bibliothèque Nationale de France. A noter, à la toute fin du CV, l'appartenance revendiquée à une Académie des Curieux de la Nature, expression que les amoureux de science hermétique connaissent bien, et titre que reprit Jean Laplace.

8. 4. 84

SOCIÉTÉ
DE
GÉOGRAPHIE
FONDÉE EN 1821
Reconnue d'utilité publique en 1827
BOULEVARD ST-GERMAIN, 184
PARIS

SOCIÉTÉ DE GÉOGRAPHIE
PARIS

Paris, le 8 avril 1884

de Lapparent
(Albert-Auguste)
né, le 30 décembre 1839, à
Bourges (Cher).

Entré à l'École polytechnique (n°. 1) en 1858. Élève-ingénieur des mines en 1860. Professeur de Géologie et de Minéralogie à l'Institut catholique de Paris, depuis 1876.

Attaché, de 1865 à 1876, au service de la Carte géologique de France. Chargé, en 1875 et 1876, de l'exploration géologique sous-marine du détroit du Pas-de-Calais.

Ouvrages : Revue de Géologie (en collaboration avec M. Delesse) de 1865 à 1880. – Mémoire sur la

Géologie du Pays de Bray. Notes diverses à la Société géologique de France ; rapport sur les travaux de cette société, à l'occasion de son cinquantenaire.

Traité de Géologie, publié en 1881 et 1882.

Cours de Minéralogie, publié en 1883.

Président de la Société Géologique de France en 1880. Vice-Président de la Société minéralogique en 1884.

— Chevalier de la légion d'honneur (1874) et de l'ordre des Saints Maurice et Lazare (1868).

Membre de l'Académie Césaréo-Léopoldine des Curieux de la nature et de diverses académies de province et sociétés savantes.

A. de Lapparent

En 1884, le président de la Société de Géographie n'est autre que Ferdinand de Lesseps, dont les relations amicales avec Fulcanelli sont bien connues des historiens de l'alchimie. Antoine d'Abbadie sera à son tour président de la société en 1892 (comme le fut en 1824 François René de Chateaubriand, son modèle).

C'est là que les trois amis, Ferdinand de Lesseps, Fulcanelli, Antoine d'Abbadie, vont faire connaissance, 13 ans avant l'entrée d'Albert de Lapparent à l'Académie des Sciences, en 1897. De cette rencontre va naître la stupéfiante découverte qui suit.

Le zodiaque magnétique du globe terrestre

Lors de son expédition au Brésil en 1836, Antoine d'Abbadie isole un point particulier d'émergence du magnétisme terrestre, situé sur l'équateur, à quelques kilomètres à l'est de l'île de Marajo, sur la côte atlantique. C'est là que se jette le fleuve Amazone, après un parcours de 6400 km qui en fait le plus long fleuve de la terre, avec le Nil. Antoine d'Abbadie ignorait qu'allait être découvert, en 2011, un fleuve souterrain, l'Hamza, situé à 4000 mètres de profondeur, sous l'Amazone (étude en cours de validation).

Le point A d'émergence a pour coordonnées : 0° de latitude (par définition, il se situe sur l'équateur), et 48°28' de longitude Ouest.

Fulcanelli et d'Abbadie firent alors le rapprochement avec le zodiaque magnétique terrestre de Basile Valentin (Atlas portant la sphère céleste), imaginant un point B d'émergence diamétralement opposé sur le globe. Ce second point sur l'équateur a pour coordonnées 0° de latitude et 131°32' de longitude Est (la somme de 48°28' et 131°32' est 180°). Il se situe lui aussi en pleine mer, à proximité des côtes de Nouvelle Guinée, un peu au nord de la Papouasie Occidentale. Dans une région du globe encore peu explorée.

Entre le point A et le point B circulent six lignes constituant le zodiaque tellurique de Fulcanelli. L'une suit l'équateur ; la seconde passe par les pôles nord et sud ; les quatre autres sont tracées avec des angles de 30° et 60° par rapport à l'équateur, l'ensemble formant un zodiaque (12 secteurs).

La zone du point B est très particulière sur le plan géologique : s'y croisent les plaques philippine, eurasienne, pacifique et indo-australienne. La jonction de ces quatre plaques telluriques sur l'équateur, en un même point, est unique au monde. Cette étonnante convergence est matérialisée par les fosses océaniques qui se rejoignent au point B. Fulcanelli et d'Abbadie font preuve d'une intuition remarquable, la théorie de la tectonique des plaques n'apparaissant qu'au XXe siècle. Il est vrai qu'Antoine d'Abbadie fit de nombreuses mesures du magnétisme terrestre, au cours de ses voyages d'étude dans des régions du globe fort différentes. On constate aujourd'hui que l'anomalie magnétique de l'Atlantique sud, au point A, perturbe les satellites et engins spatiaux passant au dessus du Brésil. Le télescope spatial Hubble, par exemple, est mis en veille lorsqu'il survole cette zone, les risques d'avaries étant trop élevés.

Pour visualiser et étudier ce dispositif, nous avons utilisé la magie des technologies modernes, Google Earth, logiciel d'une précision parfaite autorisant le tracé des lignes et la visite virtuelle des zones traversées. A la Société de Géographie, une telle simulation était possible au XIXe siècle, mais combien fastidieuse !

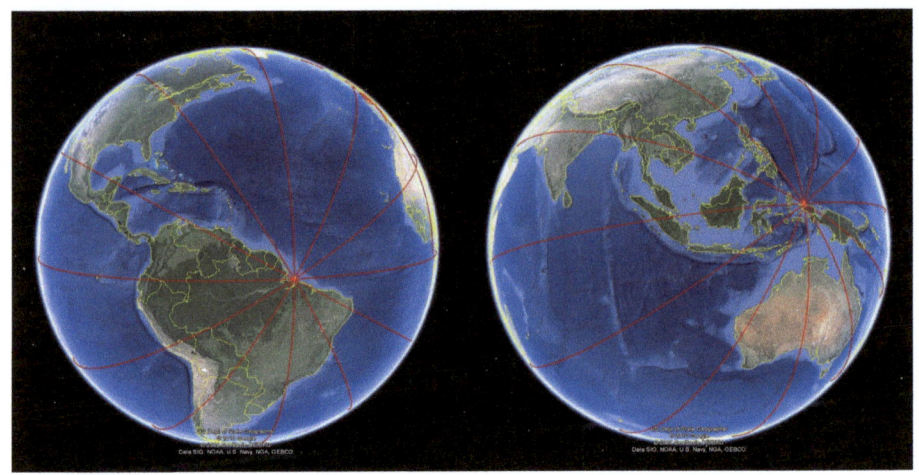

Google Earth. Le zodiaque de la terre, *imaginé par Fulcanelli et Antoine d'Abbadie. Deux points d'émergence opposés, aux antipodes, sur l'équateur.*

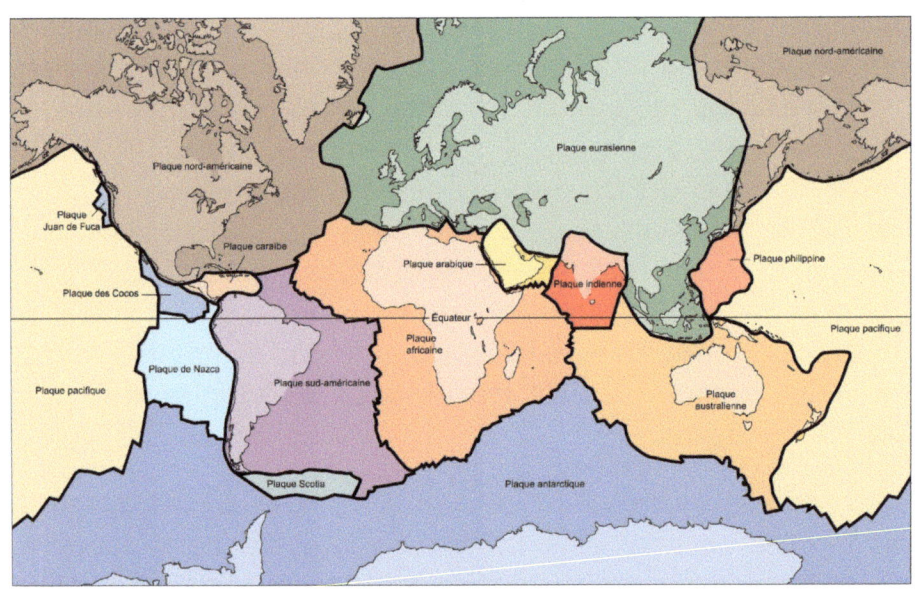

A droite du schéma (Wikipedia) : les plaques philippine, eurasienne, pacifique et indo-australienne se croisent exactement sur l'équateur. C'est l'un des deux points d'émergence du zodiaque terrestre.

Des lignes pour sourciers et chamans

Les lignes du zodiaque magnétique s'avèrent riches d'enseignements et semblent induire des zones privilégiées. Les êtres sensibles aux esprits de la nature, comme les chamans ou sourciers, perçoivent les forces telluriques sur ces lignes. Ainsi, à toutes les époques et partout dans le monde, s'organisent des lieux de culte, des espaces sacrés.

Nous prendrons deux exemples : les *lignes de ley* en Angleterre et *l'équateur penché* de Jacques Grimault.

A la fin du XIXe siècle, différents chercheurs mettent en évidence, dans le sud de l'Angleterre, un réseau rectiligne traversant le pays d'ouest en est, qu'ils nomment *lignes de ley*. En 1969, dans The View Over Atlantis, John Michell reprend ces éléments et constate un alignement très remarquable de sites sacrés : une ligne traverse toute l'Angleterre, allant du Saint-Michael's Mount sur la pointe sud-ouest de Cornouailles à Avebury, en passant par la pyramide naturelle de Glastonbury et nombre de sites dédiés à Saint-Michel. Or, cet alignement suit la ligne de notre zodiaque magnétique orientée à 60° par rapport à l'équateur, en partant du point A. C'est extrêmement précis : Google Earth permet des tracés avec une précision au centième de degré près. Le Tor de Glastonbury se situe à 900 mètres seulement de la ligne, tracée à partir du Brésil. En prolongeant celle-ci, on rencontre les pyramides chinoises de Xi' An et Ji' An, avec une précision là encore remarquable. A l'évidence, les hommes n'ont pas effectué ces tracés pour choisir les lieux de culte qu'ils révèlent. Le sixième sens des sourciers et chamans a suffit. On trouve ainsi sur la côte nord de Bretagne, près de Saint-Pol-de-Léon[25] (moins de 10 km à vol d'oiseau), la plus ancienne sépulture à étages du monde : le cairn de Barnenez (notre photo), d'une longueur de 75 mètres, a été édifié 4700 ans avant notre ère, soit quelque 2000 ans avant la plus ancienne pyramide d'Égypte.

Le Cairn de Barnenez

Revenons au point A. La ligne filant vers l'ouest à 30° au nord de l'équateur vise la très célèbre pyramide à étages de Chichén Itza au Mexique, tandis que le tracé symétrique vers l'est (à 30° nord) passe par les pyramides de Gizeh en Egypte (pyramide de Khéops).

Saint-Pol-de-Léon : la cloche du roi Marc, en couverture de l'édition originale des Demeures Philosophales.

Ce dernier tracé est d'une incroyable précision : la ligne reliant la Grande pyramide de Khéops à l'île de Pâques passe exactement (Google Earth) au point A, en traversant les pistes de Nazca, en plein cœur de cet étrange dispositif observable seulement du ciel. Jacques Grimault, le découvreur de cet alignement, le nomme *équateur penché* (à 30°) ou *tapis rouge,* pour cette dernière appellation en raison du très grand nombre de lieux sacrés traversés (voir le film *La Révélation des Pyramides*).

Une géographie sacrée de la France

Peut-on pratiquer l'alchimie opérative n'importe où ? Existe-t-il des lieux privilégiés, dont la nature magnétique ou tellurique facilite les opérations ? La question se pose d'une géographie sacrée de la France. Fulcanelli et d'Abbadie vont construire un modèle que nous présentons ici pour la première fois.

L'axe central est le méridien de Paris, mesuré par Arago comme nous l'avons vu. Verticalement sont placés Amiens, Paris et Bourges, les cathédrales du *Mystère*.

Albert de Lapparent et Antoine d'Abbadie sont géographes. Ils disposaient de méthodes de calcul d'une précision déjà fort respectable en cette fin du XIXe siècle. Pour les suivre, nous allons utiliser une fois encore le logiciel Google Earth, dont les tracés peuvent faire l'objet d'une localisation à quelques mètres près, en zoomant sur les photographies aériennes. A titre d'exemple, on peut vérifier l'alignement des trois cathédrales du *Mystère*. En zoomant sur celle d'Amiens, on trace un trait jusqu'à la cathédrale de Bourges. On observe alors son parcours en effectuant un zoom sur Paris : le trait traverse la cour carrée du musée du Louvre et passe par la pointe ouest de l'île de la Cité, laquelle abrite Notre-Dame de Paris. Précis.

On sait, en examinant des courriers émanant du libraire Pierre Dujols, que la cathédrale de Chartres comptait parmi les édifices retenus par l'adepte. On peut ajouter Dol-de-Bretagne à cette liste, en raison du visuel trouvé chez Julien Champagne. La basilique de Guingamp, en Bretagne, peut être aussi retenue : elle comporte de très nombreux et explicites éléments hermétiques, dont la Vierge Noire, objet d'un culte ici, le labyrinthe, la coquille Saint-Jacques, les métaux planétaires en médaillons... La revue Atlantis lui consacre pour cette raison un numéro spécial (n°253), en juillet 1969, avec le titre « La Basilique Hermétique de Guingamp ». Dol, Guingamp et Chartres sont sensiblement à la même latitude. Un trait horizontal sur la carte de France forme, avec Strasbourg à l'est et la ligne méridienne, une croix grecque parfaite.

Amiens, au nord, est équidistante de Strasbourg et Guingamp (423 km dans les deux cas, à vol d'oiseau). Fulcanelli nous donne une indication supplémentaire en nous renseignant sur le cap, de manière astucieuse : à la fin du chapitre consacré à Amiens dans le *Mystère des Cathédrales*, l'adepte commente « l'astre aux sept rayons » du portail de la Vierge, dessiné par Julien Champagne. *Le maître*, écrit Fulcanelli, *désigne à trois de ses disciples l'astre hermétique, l'étoile traditionnelle qui sert de guide au philosophe*. Le chapitre se termine par une devise, « Seule étoile ». Dans l'édition originale 1926 (et elle-seule), le mot étoile est remplacé par un pentagramme inversé, comme le montre l'agrandissement que nous présentons (un caractère en plomb, fondu spécialement pour cette édition).

Seule ☆

C'est là une allusion évidente à la rose nord du transept de la cathédrale d'Amiens, qui s'organise autour d'un gigantesque pentagramme inversé. Figure rarement développée dans un contexte religieux :

Appliquons le pentagramme inversé à Amiens. La branche verticale, tournée vers le bas, indique le méridien de Paris (et donc Bourges). Les deux branches latérales sud-est et sud-ouest pointent respectivement Strasbourg et Guingamp. C'est là encore d'une précision diabolique, et il n'est que d'utiliser Google Earth à nouveau pour s'en convaincre : si l'on prend à Amiens la mesure d'azimut (angle par rapport au nord) vers Strasbourg et Guingamp, on trouve respectivement 108° et 252°, c'est-à-dire strictement les angles attendus sur la base du pentagramme (180°+-72°).

L'étude complète de cette structure sort du cadre de ce livre. Il est bon de souligner cependant que la même logique pentagonale, appliquée à Strasbourg et Guingamp, pointe rigoureusement Rennes-le-Château au sud, sur le méridien de Paris, un lieu mythique s'il en est. On trouvera en ligne sur le site www.fulcanelli.info des éléments complémentaires.

Dol-de-Bretagne et Guingamp

Les deux villes bretonnes sont situées à la même latitude (48°33' Nord), sur la branche horizontale de la croix. C'est là que le « signe » nous mène, au final.

Guingamp

La basilique hermétique de Guingamp et la Vierge Noire.

Le culte de la Vierge Noire est, en Bretagne, lié à la Basilique de Guingamp. Avant même d'entrer dans le sanctuaire, on découvre le porche septentrional, qui ouvre sur la rue principale de la petite cité. Il comporte un labyrinthe (*Ave Maria* au centre), la Vierge Noire aujourd'hui surmontée d'un baphomet (elle était naguère placée au dessus), les métaux planétaires. La Vierge Noire et le labyrinthe hermétique, qu'on retrouve à Chartres, sont des thèmes que chérissait particulièrement Fulcanelli. Le *Mystère des Cathédrales* s'ouvre avec elle (planche I représentant la Vierge Noire des cryptes de Saint-Victor à Marseille), et les *Demeures Philosophales* se terminent (dans l'édition originale) avec la légende des cierges verts de la même crypte phocéenne. La coquille Saint-Jacques est omniprésente dans la basilique, où une chapelle est consacrée au saint patron des alchimistes. Il y a une raison à cela : Guingamp se situe au pied d'une des sept collines sacrées de la Bretagne armoricaine : le Menez-Bré. Une terre de légendes, un mont coiffé par une chapelle dominant la région. C'est là qu'un couple d'alchimistes recueillait au printemps la rosée du matin. Le patronyme de l'adepte ? Jacob, une famille bretonne implantée dans le Trégor. Ses armoiries, ici reproduites, figurent, en guise de signature, au bas de la dernière planche du *Mutus Liber*, célèbre livre d'images alchimiques. On comprend mieux pourquoi ce traité s'ouvre avec le *songe de Jacob* biblique. Tous les éléments de notre étude se trouvent dans « *Propos sur le Mutus Liber* », à paraître chez BOD en 2016.

Examinons à présent le détail du porche sud de la cathédrale de Dol, visuel clef dans notre étude.

Les armoiries, au centre, sont celles d'Etienne Coeuret, évêque de Dol de 1405 à 1429. Il est contemporain de Robert Jollivet, abbé du Mont-Saint-Michel de 1410 à 1444, dont le blason figure en couverture, au second plat de l'édition originale des *Demeures Philosophales*. Les deux prélats se connaissent nécessairement, la cathédrale de Dol et l'abbaye du Mont-Saint-Michel étant voisines : elles sont distantes de 20 km et une histoire commune les réunit.

Les armoiries de Robert Jollivet, abbé du Mont-Saint-Michel, dans leur état actuel sur le rempart Est du Mont.
Page précédente : le même élément, en couverture des Demeures Philosophales, probablement dessiné d'après le relevé archéologique d'Édouard Corroyer, élève de Viollet-le-Duc et auteur de « Histoire et Légendes du Mont-Saint-Michel ».

Le blason d'Etienne Coeuret est d'azur à trois cœurs d'or[26]. Les trois cœurs sont un classique en alchimie. On les retrouve chez Basile Valentin dans les *Douze Clefs de la Philosophie* (clef IX), et sur les armes de Jacques Cœur, le maître de Bourges. Ils sont ici encadrés par le lion vert et le lion rouge, face à face, dont le caractère hermétique ne fait aucun doute. Comme la crosse, la mitre rappelle que Coeuret fut évêque, tandis que la tiare pontificale, surprenante à Dol, évoque sans doute le pape qui nomma Coeuret, et dont le nom sonne bien aux oreilles de l'amoureux de science : Pedro de Luna, ou Pierre de Lune.

Le phylactère qui accompagne la gravure, et qu'on ne voit pas à Dol, est encore emprunté à Basile Valentin : Visita Interiora Terrae (*visite l'intérieur de la terre*) se poursuit traditionnellement par Rectificando Invenies Occultum Lapidem (*en rectifiant, tu trouveras la pierre cachée*), formant les lettres du mot alchimique VITRIOL. Mais à Dol, l'invitation à visiter les entrailles de la terre prend tout son sens : la tradition locale lui prête une crypte secrète.

La cathédrale du Graal

« *La plus forte impression de notre prime jeunesse, – nous avions sept ans, – celle dont nous gardons encore un souvenir vivace, fut l'émotion que provoqua, en notre âme d'enfant, la vue d'une cathédrale gothique. Nous en fûmes, sur-le-champ, transporté, extasié, frappé d'admiration, incapable de nous arracher à l'attrait du merveilleux, à la magie du splendide, de l'immense, du vertigineux que dégageait cette œuvre plus divine qu'humaine* ». Ce sont là les premiers mots du *Mystère des Cathédrales*. Dans un style d'une rare élégance - comme le sont les écrits d'Albert de Lapparent -, expression d'une *vraie plume*, l'adepte dit son amour de l'art gothique. Souvenirs d'enfance faisant écho à ceux de François-René de Chateaubriand qui relate, dans les *Mémoires d'Outre-Tombe*, sa première communion dans la cathédrale de Dol : « *Quand l'hostie fut déposée sur mes lèvres je me sentis comme tout éclairé en dedans* ».

Cathédrale de Dol. Photo Christophe de Cène.

A Dol, l'édifice gothique du XIIIe siècle remplace une cathédrale romane incendiée par le roi d'Angleterre, Jean Sans Terre, en 1203, qui comportait, selon l'archevêque de Dol Baudry de Bourgueil (XIIe siècle), une crypte abritant la sépulture d'un évêque. Voici qui évoque singulièrement le frontispice du *Finis Gloriae Mundi*.

Une légende locale rapporte qu'un souterrain permet, en passant par le fond du puits extérieur de la cathédrale, d'accéder à un puits intérieur. Légende ? Seulement jusqu'à l'exploration du puits par un chercheur indépendant, Patrick Amiot, qui découvrit le souterrain et le puits intérieur, aujourd'hui ouvert et visible (après retrait d'une dalle au sol de la cathédrale). Grâce à l'obligeance de Mr Amiot et de son association l'ARCAD, nous avons eu le privilège d'explorer, il y a quelques années, ce souterrain[27]. Etions-nous à deux pas du Graal ?

L'auteur de ces lignes, dans le souterrain accessible uniquement en passant par le puits de la cathédrale de Dol, préalablement vidé de son eau. Etions-nous à quelques mètres de la crypte secrète ?

Les romans de la Table Ronde furent inaugurés par *l'Histoire des Rois de Bretagne*, rédigée vers 1135 par le clerc Geoffroy de Monmouth. Y figurent les principaux acteurs du cycle arthurien : le roi Arthur, la reine Guenièvre, les chevaliers Gauvain et Yvain, Merlin l'enchanteur, la fée Morgane, l'épée magique Caliburn (devenue Excalibur) et même Samson, l'évêque de Dol à qui la cathédrale est consacrée. Il a été montré que la famille de Geoffroy de Monmouth est originaire de Dol-de-Bretagne. Nous sommes ici au pays du Graal. La première mention de la relique sacrée en occident est celle que fit Baudry de Bourgueil dans la Chronique de Dol, au début du XIIe siècle. L'archevêque dolois explique le voyage du Graal de Jérusalem à Dol, épisode qu'il situe au VIe siècle. Ce dossier est parfaitement étayé historiquement, relayé par divers articles universitaires. Le lecteur intéressé par le sujet pourra en connaître les détails à la lecture du récent « *Dol-Combourg et la Légende du Graal* » (éditions BOD)[28].

Cette présence du Graal et la crypte secrète expliquent probablement l'intérêt porté par Fulcanelli au sanctuaire dolois. On trouve dans l'œuvre du maître de nombreuses allusions à la relique et aux chevaliers de la Table Ronde, envisagés d'un point de vue hermétique. Dans le Mystère des Cathédrales, à propos de l'hôtel Lallemant à Bourges, est explicité le récit de Tristan (qui fut chevalier de la Table Ronde), Yseult et le roi Marc. Et Fulcanelli de conclure : « *Jean Lallemant, alchimiste et chevalier de la Table Ronde, mérite de prendre place autour de saint Graal, d'y communier avec Geber (Magister magistorum), avec Roger Bacon (Doctor admirabilis). Egal, pour l'étendue du savoir, au puissant Basile Valentin, au charitable Flamel, il leur est supérieur par l'expression de deux qualités, éminemment scientifiques et philosophiques, qu'il porta au plus haut degré de perfection : la modestie et la sincérité.* » [Fin du Mystère des Cathédrales 1926].

Dans le chapitre des *Demeures Philosophales* consacré à la Salamandre de Lisieux (partie VI), Fulcanelli s'exprime longuement sur la Sainte Relique et écrit : « *Le Graal, - qui s'en doute aujourd'hui ? - est le mystère le plus élevé de la Chevalerie mystique* ».

Eugène Canseliet n'est pas en reste qui, dans le numéro 230 de la revue Atlantis (1965), écrit : « *La quête du Graal constitue la plus belle aventure spirituelle qu'il soit donné à l'homme de tenter sur la terre* » et, plus loin, « *Il ne suffit point d'être appelé pour être élu, et c'est pourquoi Artus, roi du pays de Galles, voulait qu'à sa Table Ronde, autour de laquelle s'asseyaient les chevaliers, restât une place vide et destinée à recevoir le héros, à la fois, ignoré et attendu. L'Ordre était mystique et formé à l'instar de celui des Rose-Croix, dont les membres se disaient disciples d'Artus, c'est-à-dire de l'Art, unis entre eux par les liens solides de la véritable fraternité. Jean Lallemant, au XVe siècle, adepte incontesté et, conséquemment, possesseur de la Pierre Philosophale, était chevalier de la Table Ronde. Celle-ci, qui avait la forme d'une roue, était divisée en douze secteurs, - chacun blanc et noir, - montrait en son centre, une rose et, selon le Roman de Tristan, tournait comme le monde.* »[29] Eugène Canseliet, La Quête Alchimique du Graal.

Revenons à la cathédrale Saint-Samson de Dol : de nombreux éléments alchimiques apparaissent à qui sait prendre le temps d'observer l'intérieur de l'édifice. La Grande Verrière du chevet est l'une des œuvres majeures du patrimoine religieux breton : elle date du XIIIe siècle. Le dragon vert (en couverture de ce livre) figure l'enfer dont le Christ, à l'heure du jugement, arrache les âmes qui peuvent encore être sauvées. Sur le plan alchimique, c'est le

VITRIOL dont Eugène Canseliet précise (dans *La Quête Alchimique du Graal* cité au paragraphe précédent) qu'il désigne *l'émeraude philosophique, la substance même du Graal*. La sculpture du chœur que nous reproduisons ici représente cette même émeraude, sur le front de Lucifer dont elle se détache lors de *la chute* - Le *Graal* du poète allemand Wolfram von Eschenbach (XIIIe siècle), auteur du Parzival qui inspira Wagner.

Dol : Lucifer et l'émeraude (XIIIe siècle)

Les stalles du chœur, du XIVe siècle, mériteraient à elles-seules une étude hermétique : coq et bélier y côtoient les moines. Que dire du plan au sol si particulier de l'édifice, tout entier dessiné sur la base du nombre d'or phi=1,618 ?

Le plus remarquable élément alchimique de la cathédrale est sans conteste le tympan supérieur du tombeau de l'évêque Thomas James, situé au nord du transept.

Un rayon jaune-vert illumine chaque année, à midi et à la Saint-Jean - solstice d'été - le vase du Graal, surmonté de la colombe de l'esprit Saint (notre photo). L'élixir de vie y est figuré dans un flacon. De part et d'autre de la colombe, se trouvent, à gauche, le mort et, à droite, le vif dont les yeux sont ouverts. C'est strictement ce qu'on observe à Séville, dans le tableau *Finis Gloriae Mundi* - l'évêque et le chevalier. Enfin, de part et d'autre de la *coquille Saint-Jacques* ou *Mérelle de Compostelle*, se font face deux dragons verts surmontés d'un pélican, symbole christique. L'ensemble de la composition évoque autant la Rose-Croix que le Graal. Du reste, le tombeau de l'évêque Thomas James (mort le 4 avril 1504 à Dol) est surmonté d'un plafond couvert de roses, élément principal de son blason. La maison natale du prélat, à Saint-Aubin-du-Cormier, existe encore et se nomme « La Rose Rouge » pour cette raison. James, proche du Pape romain Sixte IV, protecteur des humanistes, fut-il l'un des premiers frères rose-croix – contemporain du fondateur, mythique, Christian Rosenkreutz (1378,+1484) ?

La lunette méridienne d'Abbadia

Nous conclurons ce chapitre avec la mention d'un ultime élément de géographie sacrée. Antoine d'Abbadie consacra une grande partie de sa fortune à la construction d'un rêve : le château-observatoire Abbadia. Il fait l'acquisition d'un terrain situé près des *Deux Jumeaux* (voir plus loin) à Hendaye et confie la conception de l'édifice à l'architecte Viollet-le-Duc, proche de Fulcanelli ; les frères Buhler se chargeront de la création du parc. De style néogothique, le château domine l'océan Atlantique, et la décoration soignée de l'ensemble en fait un écrin remarquable. Antoine d'Abbadie léguera l'ensemble à l'Académie des Sciences, lègue effectif après sa mort et celle de son épouse Virginie.

Un observatoire astronomique est créé à Abbadia, pour lequel un prestigieux instrument sera construit en 1880 : une lunette méridienne, comparable à celle de l'observatoire de Paris, installée en 1877. Ces deux lunettes sont dédiées à l'astronomie de position, la mesure de la hauteur des astres lors de leur passage au méridien du lieu. Elles ne pivotent pas dans le sens est-ouest, mais du zénith à l'horizon, permettent d'observer tout objet céleste dans un axe nord-sud parfaitement calibré.

La lunette d'Abbadia observe donc le méridien du lieu, soit 1°45'19" de longitude Ouest, mesure prise au nord du parc d'Abbadia, entre les deux rochers visibles de la grande plage qui, sur la mer, balisent la propriété – rochers bien connus à Hendaye et surnommés *les Deux Jumeaux*, sur lesquels Antoine avait jeté son dévolu.

1°45'19" : c'est précis à la seconde d'arc, ce qui nous permet, avec notre outil magique, Google Earth, de suivre ce méridien, vers le nord, jusqu'en Bretagne, et de localiser notre parcours à quelques mètres près en zoomant sur les lieux. Première surprise, sachant l'admiration que portait d'Abbadie à Chateaubriand : le méridien coupe par le milieu le parc du château de Combourg, lieu d'exaltation du talent littéraire de l'écrivain durant son adolescence (Chateaubriand écrira : *c'est dans les bois de Combourg que je suis devenu ce que je suis*)[30]. Coïncidence troublante : le château de Combourg fut restauré en 1875 par Geoffroy de Chateaubriand, dans un style inspiré par Viollet-le-Duc, la refonte du parc étant confiée aux frères Buhler déjà sollicités à Hendaye.

Parcourons encore une quinzaine de kilomètres à vol d'oiseau, vers le nord. Cette fois, c'est le chœur de la cathédrale de Dol que notre méridien coupe, exactement. Le Graal.

Traversons la Manche. La croix cyclique d'Hendaye est à la même longitude que Durrington, en Angleterre. Ce nom ne vous dira peut-être rien si l'archéologie n'est pas votre passion première, mais *Durrington Walls* est la plus vaste enceinte néolithique en Europe, avec 500 mètres de diamètre. Ce site est contemporain de Stonehenge, situé à 3 km, et qui forme avec Durrington un ensemble unique. Toute la population néolithique du sud de l'Angleterre semblait s'y rendre à certaines périodes. Rêve de chaman ? Rappelons que le synopsis du *Finis Gloriae Mundi* trouvé par Jean Laplace cite les cromlechs (cercles de pierre). Le méridien d'Hendaye croise la *ligne magnétique de Ley* (voir précédemment) à Stonehenge.

Pour conclure, nous avons là un méridien très singulier. La lunette de l'observatoire d'Abbadia scrute le ciel de Combourg, Dol et Stonehenge, dans la direction de l'étoile polaire. L'étoile des Mages.

[24] Gaston Darboux, secrétaire perpétuel de l'Académie des Sciences, *Notice Historique sur Antoine d'Abbadie*, lue dans la séance publique annuelle du 2 décembre 1907. *En ligne sur le site de l'Académie.*

[25] Saint-Pol-de-Léon fut un évêché : on découvre dans la cathédrale une cloche du VIe siècle que la légende dit être celle du roi Marc, faisant ainsi référence aux récits de la Table Ronde et l'épopée de Tristan. Cette cloche figure en couverture des *Demeures Philosophales* de Fulcanelli, première (1930) et seconde (1960) éditions. Le texte original des *Demeures* ne fait aucune référence à l'objet. Canseliet ajouta seulement, en 1960, la note suivante : « *Cul-de-lampe de la couverture – Saint-Pol-de-Léon (Finistère) – cloche miraculeuse du VIe siècle, qui fut, dit-on, apportée d'Angleterre à l'île de Batz par un poisson* ». Le *Finistère* (Finis Terrae) sonne le glas de la gloire du monde.

[26] Nous avons vérifié ce point à la bibliothèque de Rennes, où sont en consultation les armoriaux des familles bretonnes (Etienne Coeuret est né à Fougères). Les cœurs sont d'or, et le champ d'azur, ce que restitue parfaitement la gravure. Suite à une confusion avec la branche normande des Coeuret, certaines sources font état d'un blason d'argent à trois cœurs de gueules.

[27] Le souterrain est inaccessible en temps normal, noyé par l'eau du puits qu'il faut vider avant de descendre. Il va de soi que cette dangereuse exploration est strictement réglementée et nécessite une autorisation spéciale.

[28] Christophe Déceneux, Dol-Combourg et la Légende du Graal, éditions BOD, 2016. Voir aussi en ligne : www.paysdebroceliande.com

[29] On trouvera la copie de cet article, ainsi que beaucoup d'autres, dans la somme très recommandable qui résulte du formidable travail d'archives de Sylvaine Canseliet ; somme publiée en trois volumes chez Guy Trédaniel, intitulés « Alchimie, Nouvelles études diverses », par Eugène Canseliet (2007, 2010, 2015).

[30] Le château de Combourg se visite, et vaut le détour. Si vous y passez, vous découvrirez dans le parc la croix de Lucile, où Chateaubriand aimait flâner en compagnie de sa sœur. La croix et son rosier marquent exactement le méridien.

Épilogue

Les chemins de Saint-Jacques

Nicolas Flamel est, avec Fulcanelli, le plus célèbre alchimiste au monde. Il obtint, dit-il, la pierre philosophale et effectua sa première transmutation en argent (pierre au blanc) le 17 janvier 1382 – date symbolique, jour de la Saint-Antoine-Ermite, saint que le *polyptique de Grünewald* représente. Une photographie de ce polyptique (le retable d'Issenheim, aujourd'hui au musée de Colmar) se trouvait dans le dossier *Finis Gloriae Mundi* relevé au domicile d'Eugène Canseliet.

Avant de trouver la pierre, l'adepte effectua un pèlerinage à Saint-Jacques-de-Compostelle que Fulcanelli pense allégorique : « *Ces concordances singulières et précises démontrent que le pèlerinage de Flamel est une pure allégorie, une fiction très adroite et fort ingénieuse du labeur alchimique auquel s'est livré le charitable et savant homme.* » (Fulcanelli, *Les Demeures Philosophales*, L'homme des bois).

Léo Larguier, dans son récit « Le Faiseur d'Or, Nicolas Flamel » (1936, avec en couverture la gravure de Moncornet ici reproduite et dont Julien Champagne possédait un original) prend l'option d'un pèlerinage bien réel, faisant cheminer l'alchimiste de Paris à Saint-Jacques sur la voie classique : Orléans, Tours, Poitiers, Saintes, Bordeaux...

Rappelons les quatre chemins traditionnels du pèlerinage :

/ Paris – Tours – Poitiers – **Melle** - Bordeaux
/ Vézelay – **Bourges** - Limoges – Périgueux
/ Le Puy – Conques – **Figeac** – Moissac
/ **Arles** – Montpellier – Toulouse – Auch

L'entrée en Espagne se fait soit à **Hendaye**, si l'on suit la côte basque ibérique via Santander, soit à Roncevaux, le chemin à l'intérieur des terres via Burgos.

Eugène Canseliet décrit ces quatre chemins de pèlerinage dans un article d'Atlantis (n°225), *Sur la voie sèche de Saint-Jacques* :

« *Tel le pèlerin qui se rendait à Santiago par l'un des grands itinéraires ; tel l'alchimiste, dans sa marche à l'étoile, par l'une des quatre voies du Grand Œuvre philosophal. Celles-ci, précisons-le, se qualifiant séparément : spirituelle, humide, sèche et courte* ».

Jacques Cœur fit représenter à **Bourges** *la Mérelle de Compostelle* ou coquille Saint-Jacques (*Le Mystère des Cathédrales*, première planche du chapitre voué à Bourges, Hôtel Jacques Cœur). L'une des quatre voies est ainsi balisée, celle de Vézelay dont la crypte abrite les reliques de sainte Marie-Madeleine. *Via Lemovicensis*.

Dès lors, il est remarquable de constater que les dessins de Julien Champagne réalisés pour le *Finis Gloriae Mundi* font référence aux trois autres voies :

Le Puy-en-Velay (Vierge noire), Conques, **Figeac**, *via Podiensis* ; **Arles**, point de départ de la route du sud, *via Tolosana*. Paris, enfin, chemin qu'emprunta Nicolas Flamel, passant par **Melle**. *Via Turonensis*.

*Melle, le Chevalier de l'Apocalypse.
Dessin de Julien Champagne initialement prévu pour
Finis Gloriae Mundi.*

Près de Melle se trouvent deux des Demeures Philosophales étudiées par Fulcanelli : Dampierre et Coulonges. L'adepte souligne d'ailleurs cette proximité (*Les Demeures*) : « *Dans la région santone à laquelle appartient Coulonges-sur-l'Autize, - chef-lieu de canton où s'élevait autrefois la belle* demeure de Louis d'Estissac, - le touriste prévenu peut découvrir un autre château, que sa conservation et l'importance d'une décoration singulière rendent plus intéressant encore, celui de Dampierre-sur-Boutonne ».

Le pèlerinage livre son secret quand on sait qu'à Melle, Nicolas Flamel fait halte. Fulcanelli y signale le *Chevalier de l'Apocalypse*, qui s'avère, après enquête, être une représentation de l'empereur Constantin - terrassant le paganisme - à qui le Christ, en songe, dit : « « *Par ce signe, tu vaincras* », In Hoc signo vinces ; maxime rose-croix attachée à Rennes-le-Château, épitaphe qu'Eugène Canseliet fit graver sur sa tombe.

Quel ultime message Fulcanelli nous réservait-il en décrivant ce voyage allégorique ? Nicolas Flamel se doit en premier lieu de quêter le *sujet des sages*, matière première de l'œuvre. Or, à Melle se trouve la mine des rois de France, la source principale sinon unique historiquement, du *plomb argentifère* - en d'autres termes, de *la galène*.

Alors seulement, en passant la croix d'Hendaye, l'artiste méditera ces paroles du Mystère des Cathédrales :

« *N'oublions pas qu'autour de la* croix lumineuse *vue en songe par Constantin apparurent ces paroles prophétiques qu'il fit peindre sur son* labarum *:* In hoc signo vinces ; tu vaincras par ce signe. *Souvenez-vous aussi, alchimistes mes frères, que* la croix porte l'empreinte des trois clous *qui servirent à immoler le Christ-matière, image des trois purifications par le fer et par le feu.* »

Ainsi naît l'étoile de Compostelle.

A Combourg, le jour de la saint Luc 2016

Mutus Liber : le Livre Muet de l'alchimie (Manget, 1702)

Bibliographie et web

Christophe de Cène, Propos Sur le Mutus Liber, éditions BOD, 2016. *Le Livre Muet de l'Alchimie. La basilique de Guingamp.*

Jacques Grimault, L'Affaire Fulcanelli, Éditions de la Nouvelle Atlantide, avril 2015.
Le livre qui selon nous révéla, le premier, l'identité de Fulcanelli.

Jean Artero, Julien Champagne, Apôtre de la Science Hermétique, Le Mercure Dauphinois, août 2014.
L'étude la plus complète sur l'illustrateur des Fulcanelli.

Eugène Canseliet, présentation de **Sylvaine Canseliet**, Alchimie, Nouvelles Études Diverses (Guy Trédaniel Éditeur)
- sur la discipline alchimique et le sacre hermétique, 2007
- de symbolisme hermétique et de pratique philosophale, 2010
- sur les portraits alchimiques, 2014

L'ensemble de l'œuvre, considérable, d'**Eugène Canseliet**.

Fulcanelli, Le Mystère des Cathédrales, Jean Schemit, 1926.
Deuxième édition en 1957 (Omnium) contenant les planches de Julien Champagne destinées au Finis Gloriae Mundi.
Réédition *Fayard, Société Nouvelle des Éditions Pauvert.*

Fulcanelli, Les Demeures Philosophales, Jean Schemit, 1930.
Deuxième édition en 1960 (Omnium) contenant les planches de Julien Champagne destinées au Finis Gloriae Mundi.
Réédition *Fayard, Société Nouvelle des Éditions Pauvert.*

A noter la superbe réédition à l'identique du *Mystère des Cathédrales* 1926 et des *Demeures Philosophales* 1930, avec les planches de Julien Champagne, aux **éditions ALCOR** (2013 et 2014), à l'initiative du maître-imprimeur **Gilbert Bonnet**.

www.fulcanelli.info : notre site web, de nombreux compléments à cette étude.
www.archerjulienchampagne.com : une mine de renseignements touchant l'univers de Fulcanelli.

Table des matières

Première partie :
L'identité de Fulcanelli, pour comprendre l'œuvre

Chapitre 1 – Page 4
L'identité de Fulcanelli : l'enquête

Chapitre 2 – Page 20
La Disparition de Fulcanelli

Chapitre 3 – Page 24
Fulcanelli avant 1908

Chapitre 4 – Page 31
Antoine d'Abbadie et la croix cyclique d'Hendaye

Deuxième partie :
Le puzzle Finis Gloriae Mundi

Chapitre 5 – Page 38
Inventaire

Chapitre 6 – Page 56
Prolongements du texte de Fulcanelli

Chapitre 7 – Page 64
Le temps du Finis Gloriae Mundi

Chapitre 8 – Page 76
L'espace du Finis Gloriae Mundi

Épilogue – Page 107
Les chemins de Saint-Jacques

Bibliographie et web – Page 113

© 2016, Christophe de Cène

Éditeur : BoD-Books on Demand,
12/14 rond point des Champs Élysées, 75008 Paris, France

Impression : BoD-Books on Demand, Norderstedt, Allemagne

ISBN : 978-2-322-09457-8

Dépôt légal : octobre 2016